捕快的口袋書

鄒濬智・著

從現代犯罪偵查看《折獄龜鑑》

凡例

一、本書為筆者於中央警察大學出版社所出版《折獄龜鑑》與古代犯罪偵查——代表案例之分析與古今合證》之普及版。與前者不同之處在本書刪除較多學術討論文字，僅保留論析《折獄龜鑑》代表案例之說明。

二、本書採今日犯罪偵查學體系，為《折獄龜鑑》所收案例進行分類。《折獄龜鑑》為宋朝鄭克集前朝犯罪偵查經驗之大成。透過閱讀本書所摘選出的代表案例，讀者可以獲悉中國中古以前執法者犯罪偵查之做法。

三、本書分成三大部分：「代序」——說明鄭克其人及其書《折獄龜鑑》；正題——依今日犯罪偵查學概念，逐一對代表案例進行論析；「代跋」——說明《折獄龜鑑》所見犯罪偵查思想特徵。其中代表案例論析又分為三部分：原文、承辦人員簡介及案情簡析、今日犯罪偵查視角中的本案。

四、本書所引用之文獻及專家看法，筆者不敢掠美，悉於各頁當頁註中清楚交待，同時藉此向各位前賢時哲致敬；書末亦不再另立「參考文獻」單元，方便本書出版流通。

代序／鄭克其人與他的《折獄龜鑑》

孟子有言：「讀其書，不知其人可乎？是以論其世也。」①要徹頭徹尾瞭解《折獄龜鑑》，就必須先瞭解其書作者為人及其生活背景。

《折獄龜鑑》為南宋鄭克依照各種主題所整理出來的一個犯罪偵查案例集。鄭克，字武子，一字克明，開封人，確實生卒年不詳，約在兩宋之間。宋徽宗宣和六年中進士。先任建康府上元縣尉，後任湖州提刑司。宋高宗紹興初年，應詔撰作《折獄龜鑑》二十卷。鄭克能夠應詔撰寫一本有關犯罪偵查的書，表明他應該長期擔任司法官員，並且留心對實際經驗的總結。按《折獄龜鑑》的序，該書是以五代和凝父子《疑獄集》為基礎，加上宋代的其他著名案例編緝而成。雖然內容稍嫌龐雜，但有關犯罪偵查的各種主題差不多都有所論及。更難能可貴的是，鄭克幾乎在於所輯每則案例之後加上自己的論斷，這裡便保留了兩宋士人對於

① 本書所引十三經、二十五史悉據中央研究院「漢籍電子文獻」，http://hanji.sinica.edu.tw/，標點符號略有更動，下不另註。

相關司法案件的價值觀，使得該書同時具有法律思想史料的價值。②

根據劉俊文的考證③，傳世《折獄龜鑑》的版本共有三個系統。一為宋原刊二十卷本，內分二十門，二百七十六條，三百九十五事，見《宋史・藝文志》、《直齋書錄解題》和《郡齋讀書志》，此一刊本今日已經失傳。第二個版本是明刊兩卷本，今存有隆慶四年刊本和萬曆懷慶府喬萬里刊本，內僅五門，一百一十餘條，一百四十餘事；和第一個版本相比，顯然有所殘缺。第三個版本為清《四庫》定八卷本，這個版本是從《永樂大典》中所輯錄出來。根據《四庫全書總目提要》的說明，《永樂大典》所載的其實是最完整的版本；不過已經合併連書，二十卷的界限不復可考。《四庫》錄出後改析為八卷，雖然卷數比宋版的少，但內容並不少，一樣分二十門，二百八十條，三百九十二事。綜上，《折獄龜鑑》的三種版本，當以清朝《四庫全書》本最為完整。中央警察大學通識教育中心曾榮汾教授曾將《折獄龜鑑》進行全書校譯以及案情概述，用的即是《四庫全書》本④，曾教授的工作成果同時也是本書之所據。

四庫本《折獄龜鑑》內容主要由目錄、原序、正文三大部分組成，其中正文部分是主

② 張全民〈鄭克法律思想初探〉，《法制與社會發展》二〇〇四年六期，頁四一—五四。
③〔宋〕鄭克撰、劉俊文點校《《折獄龜鑑》譯注》（上海：上海古籍出版社，一九八八年），頁一。
④〔宋〕鄭克原著、曾榮汾編譯《《折獄龜鑑》案例》，桃園：中央警察大學通識教育中心，二〇〇九年。

體。第一部分是目錄，將正文分為八卷，每卷又分門，使人一目了然。這種標注目錄的形式，既便於查找，又成全了結構的完整性。第二部分是原序，即元朝湖南道儒學提舉陵陽虞應龍為《折獄龜鑑》作的序，描述了此書在元朝得到重刊、受到重視的情況。第三部分是正文，共八卷二十門。每一門中有許多案例組成，多以司法官的名字作為條目，有時一條中有時還兼收幾個相似的案例。

當然除了《四庫全書》本外，尚有其他《折獄龜鑑》刊本流行，譬如《守山閣叢書》本、《墨海金壺》本、《龍威秘書》本、瓶花書屋本、道光李氏刊本、海昌許槤刊本以及《叢書集成》本等。不過這些刊本都是從《四庫全書》本衍生出來的。仔細比較，現存的明、清兩種版本系統，顯然要以清《四庫全書》定八卷本更為接近宋刊本原貌。《折獄龜鑑》的流傳，很大程度上表現在版本變化上，可以看出因為《折獄龜鑑》從問世起就一直受到世人的重視，以至於不斷再版，其著作也被人們以不同編排方法加以收藏。⑤

⑤ 商麗傑《《折獄龜鑑》初探》，湘潭：湘潭大學法律史碩士論文，二〇〇七年四月。

目次

凡例 003
代序／鄭克其人與他的《折獄龜鑑》 004
從今日犯罪偵查視角剖析《折獄龜鑑》 011
一、中國犯罪偵查主體發展史略 013
二、《折獄龜鑑》所指出執法人員應具備的條件 017
（一）打擊犯罪應有的專業能力 018
（二）打擊犯罪應有的品德修養 030
（三）打擊犯罪應有的心理素質 035
三、《折獄龜鑑》所記載運用在犯罪偵查上具刑事鑑識雛型的技術 044
（一）現場保全、勘驗與證據初步標誌蒐集 046
（二）各種微小證據的蒐集與鑑識 050

（三）槍彈鑑識 058
（四）驗傷／驗屍 060
（五）精神鑑定 070
（六）火場鑑識 074
（七）文書鑑識 077
（八）現場重建／犯案過程模擬 088

四、《折獄龜鑑》所記載進行犯罪偵查時所採用的幾種策略和方法 093
（一）中國兵法權謀文化對犯罪偵查的影響 093
（二）《折獄龜鑑》所見犯罪偵查策略與方法 097

五、《折獄龜鑑》所記載實施嫌犯偵訊時所採取的幾種詭術或技巧 145
（一）兩宋及以前犯罪偵訊的發展與鄭克的「情跡論」 146
（二）《折獄龜鑑》所見犯罪偵訊的詭術或技巧 150

代跋／《折獄龜鑑》所見犯罪偵查思想特徵 177
一、嚴謹釋冤，展現人道關懷 178
二、靈活用計，幫助追求真相 179
三、重視證據，鼓勵據理力爭 180
四、依法用例，法律思想先進 182

從今日犯罪偵查視角剖析《折獄龜鑑》

一、中國犯罪偵查主體發展史略

犯罪偵查指對犯罪行為進行調查，過程中蒐集諸種證據，並將犯罪嫌疑人逮獲，使其接受法律的制裁，並還給被害人一個公道。犯罪和犯罪偵查是一體兩面。當人類出現群居行為，而物資有限，造成爭奪時，就會出現犯罪；犯罪出現的同時也意謂著偵查的萌芽。史前時期，為了維護原始人類落群居生活的穩定，部落內部需要一些規範或者準則來規範群體的活動。一旦有人違反了這些規範或準則，就需要一定的機構來調查事實和裁斷糾紛，這可視為人類社會中最早的犯罪偵查。①如果我們可以接受這樣的假設，那麼最早的偵查主體當然也就是部落的最高權力機構（類似合議制度的組織）。②

依《尚書・舜典》所述：「帝曰：『皋陶，蠻夷猾夏；寇賊奸宄。汝作士，五刑有服』」，進入歷史時代，士是古代最早掌管偵查、打擊寇賊奸宄和闡明五刑的官員。根據文

① 何家弘《外國犯罪偵查制度》（北京：中國人民大學出版社，一九九五年），頁八。
② 黃豹《偵查構造論》（北京：中國政法大學訴訟法學博士論文，二〇〇六年四月），頁一〇二。

獻，中國早期並無專責犯罪偵查的單位，代表國家武力的軍隊除了對外抵抗侵略外，對內也負責一部分的治安工作。

西周時期，官職出現分工，其偵查職能就更較夏朝以前要為複雜。按《禮記・王制》記載：「成獄辟，吏以獄成告於正，正聽之；正以獄成告於大司寇，大司寇聽之棘木之下」，西周有關司法的官職出現分工；《周禮・秋官・司寇》記載，西周「設官分職」的「掌邦禁」和「掌邦國」是「刑官之屬」，中央訴訟機關稱「司寇」，其下設「司刺」專職偵查訊問，並設有負責偵查案件事實的「禁暴氏」一職。從西周開始，地方的偵查職能由各級地方官吏兼任。到春秋戰國時期，縣內即設有「尉」，「尉」帶有濃厚的軍事色彩，集軍事、治安、刑獄等職能為一體。③此時司法權和行政權始終是融為一體的，地方行政長官也就是地方司法官。審理各種刑事和民事案件是各地行政長官的主要職責。④

秦朝，中央至地方的犯罪偵查制度已經初具輪廓。秦朝中央設置的「廷尉」和地方設的「縣丞」都負有偵訊案件的職責。里則設「里正」，主要職責是維護社會治安和協查辦案。漢承秦制，《後漢書・百官志》記載：「尉主盜賊，凡有賊發，主名不立，則推索行尋，案

③ 董純樸〈中國古代偵查歷史特點研究〉，《江西公安專科學校學報》總一三二期，二〇〇九年七月，頁四五—四九。

④ 張樂維《中國古代審訊方法研究——以《折獄龜鑑補》為中心》（長春：吉林大學法律制度史碩士論文，二〇一〇年七月），頁一。

察奸宄。」鄉設以「禁盜賊」為主要職責的「嗇夫」一職。特別的是先秦即有的具軍事及治安功能的「亭」，到了漢朝，明確成為基層行政治安單位，它與秦朝的「里正」一樣承擔著維護社會治安和協查辦案的任務。⑤

隋唐、兩宋時期中國古代偵查主體規模進一步發展。隋唐時期中央實行「三司分工」——大理寺是審判機關，刑部是司法行政機關，御史臺是司法監督機關。這一時期在司法職能上雖出現一定分工，但是偵查職能仍未獨立出來。宋朝吸取唐、五代的教訓，在中央和地方訴訟機關內分設左右兩司，分別執掌偵訊和判決，偵查與司法慢慢出現分流，始能互相制約。在中央，宋在唐「三司」的基礎上增設「審刑院」。在地方，偵查職能仍由路、州、縣行政長官兼任，路下也設「三司」，其中「提點刑獄司」專掌偵訊。⑥專責治安單位，也要數宋朝巡檢司為最早雛型，它雖然仍不脫軍隊身分，但主要工作在偵查與治安。

西周的縣尉到了宋代，也逐步走向專業化，從其他部門中分離出來，專責維護地方上的社會治安、穩定社會秩序。宋代的犯罪偵破獎賞手段也慢慢形成制度——宋朝也首創捕盜改官之政策。紀律上要求也更加地嚴密，各級官員所負責任亦立法規定，十分明確。

由於宋朝巡檢司的存在對穩定政治很有幫助，元明清三代均有承襲。像元代的巡檢司廣

⑤ 鄒濬智〈周秦兩漢基層治安單位「亭」論介〉，《警專論壇》二一期，二〇一六年一二月，頁一四二—一四九。
⑥ 陸新淮〈論中國古代偵查制度的演變〉，《鄭州經濟管理幹部學院學報》二〇卷二期，二〇〇五年六月，頁四二—四四。

布於海防、江防、湖防及山禁等要地，成為基層社會治安管理中重要的穩定力量。而明初為加強中央集權，朝廷在全國各個水陸交通重鎮設立了直屬中央的巡檢司，形成了由中央及地方兩級政府構成的嚴密的偵查和治安網路。

清朝雖然仍沿襲明朝的三法司，但是分工更細。如在刑部，專門設立追捕逃犯的督捕司，管理監獄的提審廳和收繳贓款、贓物的贓罪庫等部門。在地方，偵查職能仍由省、道、府、縣的官吏兼任，其中縣級官吏承擔大部分案件的受理、偵訊、預審擬罪等職責。

清朝慈禧太后在北京設立善後協巡營，後改工巡總局，後又改設巡警部，並出現了派出所的員警制。此舉象徵中國近代員警制度的建立，偵查組織政警不分的現象終於有了澈底的改變。⑦

⑦ 宋以後的犯罪偵查制度發展詳見董純樸〈中國古代偵查歷史特點研究〉，《江西公安專科學校學報》總一三二期，二〇〇九年七月，頁四五—四九。

二、《折獄龜鑑》所指出執法人員應具備的條件

犯罪偵查的基本前提，其一便是必須有條件優良的人員進行偵查，保證偵查的效率和公正性。①今日對偵查人員的偵查專業核心素質的要求包括：偵查技術——傳統偵查、偵查科技與偵查鑑識三項技術的集合；法律知識——依法偵查、搜證、偵訊的能力；犯罪偵查經驗——本身偵查經驗的系統性整理；來自他人偵查經驗的吸收。②《折獄龜鑑》裡也有類似對執法人員的期許。從《折獄龜鑑》所收案例及所劃屬門類可知其對理想的執法人員的想像；從鄭克在按語中對承辦人的評價亦透顯其對執法人員的要求。以下將從鄭克期許執法人員在打擊犯罪時應具備的品德修養、專業能力與心理素質三方面進行申說。

① 二是為確保偵查的順利、避免外界的干擾、偵查所取得的案件實情，當然不能公開偵查的內容，此舉一則保護被害人，一則避免加害人獲知偵查人員的作為而閃躲，使偵緝工作前功盡棄。

② 侯友宜《犯罪偵查實務通論》（臺中：白象文化，二〇一一年三月），頁二五三—二六六。

（一）打擊犯罪應有的專業能力

1. 敏銳的觀察力——於不疑處疑之

【代表案例原文】

〈呂元膺疑賊搜輿〉

〔唐〕呂元膺，鎮岳陽。因出遊覽，有喪輿駐道左，男子五人，衰服隨之。元膺曰：「遠葬則汰，近葬則簡，此必詐也。」亟令左右搜索棺中，皆兵刃，乃擒之。詰其情，對曰：「欲過江劫掠，故假為喪輿，使渡者不疑。又有同黨數輩，已在彼岸期集。」悉捕獲以付法。

【承辦人員及案情簡介】

本案承辦人呂元膺，字景夫，唐朝鄆州東平人。姿秀儀美，才華出眾，累官至吏部侍郎（事見《新唐書・呂元膺傳》）。呂元膺鎮守岳陽時，出外遊覽，發現與之擦肩而過的喪家隊伍，其陣容規模與其葬地距離不符，呂元膺懷疑其中必不單純，於是追了上去，才發現這批隊伍是以出喪掩人耳目，實則要過江強盜。

【今日犯罪偵查視角中的本案】

呂元膺見微知著、明察秋毫的能力是合格執法者必備能力。鄭克主張釋冤、辨誣要「深察其事」、「明察」（卷三），即透過紛繁複雜的表象發現案件的真相。對於厚結黨羽、桀黠之徒，「非按者嚴明不能發其事，非鞫者嚴明不能得其實」（卷八），調查、審理都要「嚴明」。特別是當「事跡涉於疑似」（卷二）的時侯，執法者應該明察，「不當容吏恣行考掠。」（卷二）鄭克特別指出明察秋毫、不被下吏蒙蔽，除了敏銳的眼光，還需具備「精強之力，鉤距之術」。精強之力指的是充沛的精力，和不法之徒比耐力；鉤距，即輾轉推問、傍敲側擊，最後究其情實的盤問方法。③

要做到洞燭幽微，鄭克認為博聞廣識是不可免的。鄭克以辨誣為例說：「辨誣之術，唯博聞深察，不可欺惑，乃能精焉。」（卷三）博聞廣見的途徑之一是從書本中學習。《疑獄集》要求執法者「銳意典墳，思有得於邃古」，鄭克也深有同感。

除了廣泛閱讀，讓自己更加博聞廣識的另一個途徑是儘可能多瞭解各地的風俗民情。《折獄龜鑑》記有一案：李南公任長沙知縣時，審理一鄉民鬥毆案，遇到兩造間有人用欅柳

③ 張全民〈鄭克法律思想初探〉，《法制與社會發展》二○○四年六期，頁四一—五四。

葉偽造傷痕誣告他人的情事；所幸李南公知道當地有偽傷誣人的風俗，詳加驗傷，戳破了原告的詭計。④

今日對偵查人員也要求需具備工作動力——要有學習力，不斷累積經驗，成為下次破案的資本。⑤又今日犯罪偵查「桌腳理論」指出犯罪偵查就像建造一張桌子，四個桌腳都很重要，這四根支柱是現場、物證、人證和運氣。⑥其中的運氣，侯友宜、廖有祿、李文章認為就是從辦案經驗累積出來的辦案敏感度；對於可能破案的各種訊息仔細搜尋、過濾，不放過任何破案機會。⑦資深偵查人員累積多年的偵查經驗，例如直覺、觀察、推理、分析、判斷等，都是破案的重要關鍵。經由偵查人員的經驗，運用偵查管理，將所有可能破案的資源加以管制、調查、評估、結合，便能達到破案目的。⑧易言之，破案運氣其實就是偵查經驗的綜合表現；有了豐富的偵查經驗，後天練成鑑別犯罪惡行的火眼金睛也是可以的。

④ 鄒濬智、曾春僑《誰說仵作不科學——古代刑事鑑識實錄》（臺北：秀威資訊，二〇一四年六月），頁八——五六。
⑤ 侯友宜《犯罪偵查實務通論》（臺中：白象文化，二〇一一年三月），頁二五三——二六六。
⑥ （美）李昌鈺口述、鄧洪整理《神探李昌鈺破案實錄》，臺北：時報文化，一九九八年。
⑦ 侯友宜、廖有祿、李文章〈犯罪偵查理論之初探〉，《警學叢刊》四〇卷五期，二〇一〇年，頁一——二六。
⑧ 林燦璋、林信雄《偵查管理：以重大刑案為例》，臺北：五南出版事業，二〇〇九年一月。

2. 法律素養——依法慎刑

【代表案例原文】

〈李士衡諫尹恕從〉

李士衡觀察，初釋褐，為京兆鄠縣主簿。府知其才，俾權獄掾。咸陽縣有民殺人，具獄以送府，父子五人，其為從者皆服加功之罪。士衡告於尹曰：「彼殺人者止一人耳，餘四人掩其骸，可坐以加功、置之重辟乎？」尹喜從其議，曰：「四人者，非子之明，則冤於地下矣。」

【承辦人員及案情簡介】

本案承辦人李士衡，字天均，宋朝秦州成紀人，累官至尚書左丞。⑨李士衡任鄠縣主簿時審理咸陽縣父子五人殺人埋屍一案。他發現動手殺人的只有一人，其餘四人是基於親情協助埋屍。依法，此為親情而成為從犯的情況，可以減輕其刑，不必一併坐死罪，李士衡因而

① 本書各案例承辦人生平資料後若未標明傳統文獻出處，悉引自「數位資源平臺‧工具書庫一.一」，北京：方正阿帕比技術有限公司，http://art.tze.cn/Usp/foot.aspx?cult=TW#一（內含《中國人名大辭典》等工具書）或《漢語大詞典》編輯部《漢語大詞典》光碟，香港：商務印書館，二〇〇三年七月。字句略有更動，下不另註。

改判，給了其他四人一條活路。直屬長官對於李士衡選用適合的法律、不致濫殺其餘四人的判決也感到十分欣賞。鄭克按語：

以掩骸為加功，是深文也。罪不應死而文致之，何其忍哉！嘗聞用法殺人，無異用刃殺人。深文之罪縱或倖免，鬼得而誅之也。⑩

【今日犯罪偵查視角】

早在西周時期，即流行「尚中」的道德理念，這在《尚書》、《易經》及出土文物中均有明證，這一觀念在斷獄中則體現為「中刑」思想。「中刑」的原則即要求司法要公正、量刑應適中及罪刑應相適應。這一原則最早見於西周恭王時期牧簋銘文中。牧簋銘文是關於周恭王冊封名叫牧的貴族擔任官職的命辭，銘文中周王反復告誡牧在司法審判中一定要做到「不中不刑」，意謂司法不公正就不要施以刑罰。可見，周人是把「中刑」作為重要的司法原則來推崇的。⑪「尚中」這一個重要的倫理觀念，落實到立法與司法領域中，便形成了

⑩《折獄龜鑑》所收各案之下多有鄭克按語，若能幫助本書論述者即酌錄，否則無。

⑪ 劉志松〈《折獄厄言》與裁判官「內心獨立」——兼論中西裁判官「內心獨立」的取向差別〉，《北方法學》二卷八期，頁一〇九—一八二。

「中刑」的立法與司法原則，它內含司法公正、量刑適中及罪刑相適應的法文化意義；此思想也深深影響兩周以後各朝的司法。

然而治國以禮或以法，兩造間孰先孰後的路線爭辯在之後的各個朝代裡來回擺盪，譬如到了唐朝，即是先德後刑。但到了宋朝，改而強調法律優先，遇案先選用法律，若依法判決顯得太重，再以儒家的仁心救濟之（詳下），又回歸到落實「中刑」精神的路子上。

當然能適當地以道德救濟之，終究只是理想，因為法律先斷人生死，執法者是否有儒家修為來做後續判斷和救濟不得而知——即同前案咸陽縣先判了五人死刑，又未細究法律之立法精神加以救濟之。所以鄭克強調，執法人員依案進行判決時，務必要慎之又慎，不能草率從事。鄭克認為犯人有跡狀重而本情輕的，法律既然是斟酌情理而制定的法律，依法判刑便應推原情理來確定刑責——即如前案李士衡所為。

也正因為執法人員道德修為以及其遇案是否真能以情理救濟之，都在未定之天，所以鄭克強烈呼籲治獄要「審謹」、「詳緩」，「寧可淹繫以求其實，毋或濫刑以陷於冤」（卷一），這樣才能與《尚書‧舜典》「欽恤」、《周易‧中孚》「議獄緩死」的要求相符。只要情理上有可疑之處，「雖贓證符合，亦未宜遽決。」執法者考察案情，「苟疑其冤，雖囚無冤詞，亦不可遽決。」要時刻牢記「治獄貴緩，戒在峻急，峻急則負冤者誣服；受捕貴詳，戒在苟簡，苟簡則犯法者倖免。唯緩於獄而詳於捕者，既不失有罪，亦不及無辜，斯可

貴矣。」（以上見卷二）⑫

3. 折衷量刑——情、理、法的平衡

【代表案例原文】

〈蘇渙矜慮兄弟〉

蘇渙郎中知鄜陵縣時，歲荒盜起，有兄殺弟而取其衣者，弟偶不死，與父偕往訴之。渙閔其窮而為姦，問之曰：「汝殺而弟，知其不死而捨之者，何也？」兄喻其意，曰：「適有見者，不敢再也。」由是得不死。父子皆感泣。及渙罷去，負任從之數千里。

【承辦人員及案情簡介】

本案承辦人蘇渙為蜀中眉山人，宋朝知名文學家蘇洵之兄，其勤奮專一的學風、謙遜禮讓的美德，對蘇軾、蘇轍二兄弟產生了非常重要的影響。蘇渙在鄜陵任知縣時，有一兄因窮極而殺弟盜衣；當下因顧及親情，兄並未痛下殺手。蘇渙深知其因窮困而如此，於是免了兄之死罪。鄭克按語：

⑫ 張全民〈鄭克法律思想初探〉，《法制與社會發展》二〇〇四年六期，頁四一—五四。

古之聽獄者，求所以生之；不得其所以生之者，乃刑殺焉。孫罵祖，有可生之理，以其被酒，且祖自悔也；兄殺弟，有可生之理，以其苦飢，且弟不死也。布之貸出其孫，渙之慮問其兄，皆得其所以生之者也，可無愧於古人矣。

【今日犯罪偵查視角】

治理天下究竟是首重道德還是首重法制，這個問題是先秦儒家和法家學說的根本分歧之所在。法家認為儒家所主張的德治是把治理天下的重任寄託道德上面，但是道德本身缺乏一個明確、穩定行為準則，同時也不具有足夠的強制力，因而在趨利避害的人性面前，難以收到效果。故而法家提出任法而治的主張，認為法律制度才是治理天下的可靠途徑。法家主張與今日「理性選擇理論」十分接近。「理性選擇理論」主張在犯罪治理上要有強硬的犯罪鎮壓模式，方具備威嚇效果⑩，因而使意圖犯罪者衡量代價後選擇不犯罪。而對一些手段兇殘、泯滅人性、罪無可逭之徒，若嗣後仍無悔意，並考量被害遺族的被害感情，可以逕判死刑——對最嚴重的罪犯執行死刑並非單純的以暴制暴⑭，而是法律執行上的必然。

法家律令之治是國家秩序之穩定化的當然要件，因此它在秦朝治國手段中的基礎性地位

⑬ 許福生《風險社會與犯罪治理》（臺北：元照出版公司，二〇一〇年八月），頁三〇—三二，六二—六三。

⑭ 梁根林《合理地組織對犯罪的反應》（北京：北京大學出版社，二〇〇八年八月），頁二九〇。

是難以撼動的。但是，隨著漢帝國意識形態的儒學化，儒生日益頻繁地充實到官僚體系中，儒家經典也必將對帝國統治的各個方面散播其影響。在此種場合，官員既不能出於「導德齊禮」的政治理想而直接否定律令這種必要之惡，又不能為了堅守律令而忘卻朝廷對儒術的尊崇及自己對經術的學習體驗，心靈的糾結使他們不得不在面臨獄案時逐個地調整儒家經典與律令的關係。⑮

漢代以後，儒家「為政以德」的德政主張一直身居中國古代政治的主流，法家重視法律的懲罰功能與德政之間存在著一定的背離，因而往往被儒家政治人物賦予消極的評價，只將之視為推行道德教化的一種輔助手段。不過到了宋代，士大夫認為法律對於治國確有重要作用，因而對法家法律的認識有了改觀。⑯反應在對法律的態度上，宋代除基本上吸收唐代律學成就外，又有發展和創新，如《宋刑統》對律典體例的發展，《律附音義》、《刑統賦解》等刑法注釋學的出現；宋代也出現了較為發達系統的法醫學和判例法研究。⑰

因此，宋朝官員一般遇案先以法斷之，之後再考慮到情、理、法的衡平，做出最後判決。所以鄭克提倡「執法之吏，不曲筆以縱有罪，不毀法以陷無辜，而處議合於人心。」議

---

⑮ 朱騰〈再論兩漢經義折獄——以儒家經典與律令的關係為中心〉，《清華法學》五卷五期，二〇一一年，頁九三—一一四。
⑯ 陳松〈論宋代士大夫階層法律思想中的法家因素〉，《中國政法大學學報》二〇〇九年五期，頁一一六—一六〇。
⑰ 楊翠蘭〈論宋代法律文獻的編纂成就〉，《湖南科技學院學報》二七卷一二期，二〇〇六年一二月，頁三一—三四。

罪則要「先正名分，次原情理。」（卷四）在比較西漢何武、宋朝張斷財產繼承的不同做法後，他說：「夫所謂嚴明者，謹持法理，深察人情也。悉奪與兒，此之謂法理，三分與婿，此之謂人情。武以嚴斷者，婿不如約與兒劍也；之明斷者，婿請如約與兒財也。」（卷八）又如，侵吞盜竊官物，不論是歸己，還是給人，罪都是一樣的。「然入己之情，貪於貨利，是君子所疾也；與人之情，迫於權勢，是君子所矜也。」（卷四）具體情形不同，在處理時也應該有所區別。⑱

4. 調和鼎鼐──協調能力

【代表案例原文】

〈張保雍處變〉

張保雍刑部，知漢州。四卒夜叩府，告禁兵兩營變。佐吏駭懼。保雍徐出，械四卒掠之，趣作誣狀，徇兩營。至明，鞫得實，乃四卒與伍中謀，幸授己甲，因即以叛。遂及同謀者九人棄之市。

⑱ 張全民〈鄭克法律思想初探〉，《法制與社會發展》二〇〇四年六期，頁四一──五四。

【承辦人員及案情簡介】

本案承辦人張保雍，字粹之，蔡州人。宋真宗景德二年進士，授山陰主簿，知三泉縣，通判齊州、永興軍，知漢州。曾出使契丹，返後任荊湖北路轉運使，兩浙轉運使（事見《元豐類稿・刑部郎中張府君神道碑》）。張保雍做漢州知州時，有四卒夜叩府告禁兵兩營叛變，張保雍反倒捉那四卒，假認他們誣告，詢問兩營。他把四個告密的士兵上刑拷打，迫使他們寫出承認是誣告的供狀，是因為擔心軍情因此不安，想藉此向兩營的禁軍宣示安撫。鄭克按語：

> 保雍所以察其為奸者，軍若已變，則告者何獨四卒？軍若未變，則何用夜叩府告？其械而掠之，趣作誣狀者，蓋慮軍情因此不安，欲徇兩營也。此不唯善察奸，抑亦善處事矣。

【今日犯罪偵查視角】

如果張保雍偏聽四卒的告發，對兩營予以追究，可能追查叛變不成，反倒逼得禁兵不得不反，所以張保雍最後選擇懲四卒、安兩營。鄭克認為合格的執法人員，不止要會察奸，還要善於處理事情。他除了稱讚張保雍善處事外，也舉漢代張敞與北周韓褒治盜賊，一個「窮治所犯，糾之以猛」，一個「首原其罪，施之以寬」。但「（張）敞之猛不至於民殘，而市無偷盜」，「（韓）褒之寬不至於民慢，而群盜屏息」（以上見卷七），都收到了較好的成效，這種處理方法值得稱道。在鄭克的思維當中，器量與處事能力是有絕對關係的。他認為執法者的處事能力有一部分來自於器量。

鄭克另外舉一例說明能力與器量的關係：宋代徐起任楚州知州時，有囚因誣被判死罪而逃走，等到徐起上任，自歸訴冤，徐起請轉運使另派官員審理。鄭克評論道：「起若輒自治之，則疑有心矯枉，故請更用他官覆治，而囚得免死，合於公議矣。」鄭克認為這樣做不僅「善釋冤」，而且「善避嫌」，保全了自己的官箴。他所稱讚的唐代蘇無名、宋代許仲宣等人處理盜印之事，也是「量足以處事，識足以察盜」（以上見卷七），都是「善處事」，⑲用睜一隻眼閉一隻眼的方式，最終使得事件和平落幕。這種器量、膽識是妥善處事的基礎之一，亦為合格執法者所必備；若要將之視為良好的危機處理能力，也是可以的。

今日對偵查人員亦要求他們善處事——保持工作以外的人際關係以及警界與外界關係的和諧，包括：社會關係——與社會各階層來往接觸。男女關係謹慎、與黑道關係共存不共

⑲ 張全民〈鄭克法律思想初探〉，《法制與社會發展》二〇〇四年六期，頁四一—五四。

融、與白領階層的交往避免為其所役；家庭關係——注意經營家庭，一方面避免負面壓力釋放向家庭，一方面也避免家人的信心危機影響到自己的工作表現。⑳

（二）打擊犯罪應有的品德修養

1. 設身處地，體察民瘼

【代表案例原文】

〈陳執方因荒緩刑〉

陳執方大卿通判江州時，民饑，有刈人之禾而傷其主，法當死者。執方以為：「古之荒政，所以恤人者盡矣，然尚緩刑，況於今哉！」即奏貸其死。

【承辦人員及案情簡介】

本案承辦人陳執方，字良器，為北宋名相陳恕之子，官至太子中舍。北宋慶曆八年任知軍。郡守三載，情繫教育，擴建軍學，增購書籍，還常到興化軍學為生員講課（事見《宋

⑳ 侯友宜《犯罪偵查實務通論》（臺中：白象文化，二〇一一年三月），頁二五三—二六六。

史・陳恕傳》）。本案發生在江州，當地饑荒，有流民為了填飽肚子去偷割稻子，與主人起了衝突，傷了主人。本來強盜傷人該判死罪，但陳執方認為自古以來，在犯災荒的地方，對災民因求生而犯罪，本就十分體恤，因而上奏，希望不要將流民判死。

【今日犯罪偵查視角】

鄭克認為「折獄之道，必先鞫情而後議罪。」（卷四）他主張執法人員應仁慈、寬恕。所以鄭克在說明全書的篇目編排時就先明說：「《折獄龜鑑》之為書也，以釋冤、辨誣、鞫情、議罪、宥過、懲惡、嚴明、矜謹八篇為正。」（卷五）「《折獄龜鑑》，終於矜謹。」（卷八）這種始於釋冤、辨誣，終於嚴明、矜謹的結構，很明顯反映出鄭克寬仁折獄的思想。即使要懲治奸、慝、盜、賊，也要「主於嚴明，佐以矜謹。」（卷五）

仁慈、寬恕的表現，是常存惻隱之心。所以鄭克言道：「惻隱之心，人皆有之，為物所遷，斯失之矣。」若喪失了「惻隱之心」，甚至會「有利人之死為己之功者」，出現「或文致於大辟，或誣入於極典。」（以上見卷八）惻隱之心反映在實際行動上，便是在案件的偵查、審判時，都要哀矜審謹——偵查上，鄭克認為：「推窮賊黨者，苟不矜謹，必至枉濫」（卷二十），追責贓證要審謹；審判上，鄭克強調「哀矜折獄」，指出：「古之聽獄者，求所以生之，不得其所以生之者，乃刑殺焉。」（卷八）即使是懲治奸惡，也要「體茲矜謹之

意」（卷八），這樣才不會有「枉濫之咎」（卷一）。㉑

2.擇善固執，不畏強權

【代表案例原文】

〈李元素奏獄明冤〉

〔唐〕李元素為御史時，東都留守杜亞，惡大將令狐運。會盜劫輸絹於洛北，運適與其下畋近郊，亞疑而訊之。幕府按鞫無狀，更以愛將武金掠服之。詔監察御史楊寧覆驗，事皆不讐。亞劾寧罔上，寧抵罪。傳致周內之，若不可翻者。德宗信不疑，宰相難之。詔元素與刑部員外郎崔從質、大理司直盧士瞻馳按之。亞迎，以獄告。元素徐察其冤，悉縱所囚以還。亞大驚，復劾元素失有罪。比元素還，帝已怒，奏獄未畢，帝曰：「出。」元素曰：「臣言有所未盡。」帝曰：「第去。」元素曰：「臣以御史按獄，知冤不得盡辭，是無容復見陛下。」帝意解，即道運冤狀。帝感寤曰：「非卿，孰能辯之。」然運猶以擅捕人得罪，流歸州。武金流建州。後歲餘，齊抗得真盜，繇是天下重之，遷給事中。

㉑ 張全民〈鄭克法律思想初探〉，《法制與社會發展》二〇〇四年六期，頁四一—五四。

【承辦人員及案情簡介】

本案承辦人李元素，亳州譙人，唐朝於武周時代官至同鳳閣鸞臺平章事。李元素有吏才，初為武德縣令。當時懷州刺史李文暕橫徵百姓獻金銀造佛像，李元素抗詞與爭，李文諫方減損其制，由此可見其骨氣（事見《新唐書・李元素傳》）。本案記東都留守杜亞與令狐運有隙，不止加陷害，連前來查明案情的楊寧亦一併誣告。而中央派來的李元素、崔從質、盧士瞻發現冤情，釋放冤囚，又遭杜亞參了一本，險些連命都搭進去。好在李元素堅持向皇帝說明實情，最終得到皇帝的理解。鄭克按語：

> 運之冤，初按鞫無狀，後覆驗不讎，雖傳致周內之，若不可翻者，亦非難辨也。但帝怒斥令出，又云：「去」，元素氣不懾，辭不撓，卒辨其冤，而帝亦寤，斯為難能耳。

【今日犯罪偵查視角】

鄭克認為執法人員在道德修為方面，僅有仁恕之心，有時無法公正執法，還須要有堅持到底、不畏強權的精神。因而如有辦案官吏或苟且逃避失職之責，或遇事觀望、專事迎合權貴而討其歡心，鄭克則大加批評。鄭克再三強調：「仁者必有勇」（卷一）、「仁義之道，並行而不悖。」（卷二）所謂「義」，就是堅持操守，不畏權勢；所謂「勇」，就是於承擔責任，「寧可己任其責，當使彼伸其冤。」（卷二）這種勇於為義的品德與仁相輔相成，十分重要。

鄭克還以辨誣為例，說明難以查明的誣陷更應堅持查到底：

智不足則有所惑，而於難知者不能辨矣；勇不足則有所懼，而於易知者不敢辨矣。苟不能辨，亦奚足責；若不敢辨，斯實可罪。若誣非難辨，而勢有不敢，則唯勇於義者能之。（卷三）

因此他對對李元素在論辯令狐運之冤時，不顧唐德宗震怒斥喝令，深感佩服，歎其難能可貴。

（三）打擊犯罪應有的心理素質

1. 親力親為，全力以赴

【代表案例原文】

〈蔡高宿岸求屍〉

蔡高，調福州長溪尉。縣媼二子漁於海而亡。媼指某氏為仇，告縣捕賊。吏皆難之曰：「海有風波，安知不水死乎？雖果為仇所殺，若不得屍，則於法不可理。」高獨謂：「媼色有冤，不可不為理也。」乃陰察仇家，得其跡。與媼約曰：「期十日，不得屍，則為媼受捕賊之責。」凡宿海上七日，潮浮二屍至。驗之，皆殺也，乃捕仇家伏法。

【承辦人員及案情簡介】

本案承辦人蔡高，仙遊人，蔡襄弟，字君山，宋朝景佑年間進士。為長溪尉，善折獄，人稱神明，遷太康簿，卒年二十八。蔡高任長溪尉時，一婦之二子於海中亡，婦堅持為仇人所害，因無直接證據，亦不能說明其是否為意外死亡。蔡高觀察二子仇家，發現其確有可能下手，唯無死者屍身驗明佐證，難以判斷，於是親自至海上留宿七日，終於打撈到死者，並查明身上有致命外傷，進而確認仇家之罪。鄭克按語：

人之冤訴，苦於抑塞。謂不得屍則不可理者，豈非抑塞乎？夫尉以捕賊為職，苟不恤冤訴，是不勤職業，豈疾惡慕義之士所為乎！

【今日犯罪偵查視角】

負著大部分司法事務的獄訟胥吏們，其政治、經濟地位毫無保障。毫無仕途升遷希望的政治地位以及貫穿於兩宋一直無法解決的俸祿問題，致使獄訟胥吏們自暴自棄，甘心為惡。部分士大夫官員們自身腐敗、無能與縱容，甚或與胥吏們狼狽為奸、沆瀣一氣，加劇了宋代司法中的吏強官弱與獄訟中的胥吏之害。訟胥吏對當事人肆無忌憚的刑訊逼供和對涉訟百姓們的剝削，是為司法腐敗的重要原因。㉒因為官吏們集行政權、司法權於一身，他們的腐化，必然導致法制的敗壞。㉓又或者官員受到下屬蠱惑蒙蔽，有意或無意的將自己的司法權責下放，造成司法不受人民信賴，此亦一大病害。為此，鄭克認為作為司法官長，遇案不能

㉒ 張本順〈宋代獄訟胥吏之弊及其成因探析〉，《四川師範大學學報》社會科學版四〇卷四期，二〇一三年七月，頁一四九—一五五。

㉓ 唐自斌〈試論南宋封建法制的敗壞及原因〉，《湖南師範大學社會科學學報》一九九四年四期，頁七五—七八，四〇。

假手他人，定要親力親為，為受害者伸冤。

「吏輩責供，多不足憑。蓋彼受賂，所責多不依所吐，往往必欲扶同牽合，變亂曲直。」鑑於胥吏上下其手，篡改供詞，宋代朝廷要求司法官員一定要親自審問訴訟雙方，不能讓胥吏代勞。在審問時還要根據訴訟雙方不同的身分地位採用不同的方式，這是因為健訟之民與山野村民出入官府有著不同的動機和心理——健訟之民「朝夕出入官府，詞熟而語順，雖譊譊獨辯，庭下走吏，莫敢過訶。」而一般的鄉村良善之民，「入城市而駭，入官府而怵，其理雖同，其心戰惕，未必能通」。再加上胥吏們的大聲喝斥，更是戰戰兢兢，看似理屈。所以，對待那些健訟之民，應嚴辭喝斥，打擊他們的囂張氣焰，甚至採取譎詐之術，以獲得實情；而對於那些平日不和官府打交道的山野村民，「須引近案，和顏而問，仍禁走吏勿得過訶。」（以上原文見〔宋〕不知名《州縣提綱》卷二）㉔

宋朝不止嚴格要求中央地方司法長官躬身獄訟，「淳化四年詔御史臺，凡中丞以下皆親臨鞫獄。」（《宋史・列傳》卷四十六）地方長官亦如中央，需躬親鞫問，「公事自今令長吏躬親問逐，然後押下所司檢勘鞫，無致偏曲出入罪。」（《宋會要輯稿・刑法》卷六）宋徽宗時還增加州縣長官不親聽囚徒罰徒刑兩年的規定，規定了不據狀推勘，刑訊不合法律規

㉔ 樊冠鈺〈宋代司法鑑定的歷史淵源及發展〉，《河南司法警官職業學院學報》四卷二期，二〇〇六年六月，頁一一五—一一六。

定，錄問囚徒不力導致冤假錯案的責任。這些制度一定程度上要求了司法官員慎重刑獄，保證了審判的順利有效的進行，減少冤假錯案的發生。㉕

2. 一絲不苟，盡心盡責

【代表案例原文】

〈陳薦為官任責附王璩〉

大理寺丞王璩為越州剡縣尉時，嘗出，見屍覆水中，治之。或曰：「歲饑，人多死，未必有他故也。治之寧免捕賊之罰耶？」卒使捕賊。居數月，州已批罰，果得殺人者。

【承辦人員及案情簡介】

本案承辦人王璩，嘗為宋朝襄州中盧令，餘生平不詳。王璩任剡縣尉時，偶遇浮屍，身邊幕僚認為當時鬧饑荒，可能為餓死屍，但王璩直覺不對，冒著浪費司法資源的處罰風險也執意深入調查，後來果然緝得殺人兇手。

㉕ 劉歡、李旭陽〈宋代司法理念及其現代意義〉，《雲南財經大學學報》二〇一一年六期，頁一四一——一四三。

【今日犯罪偵查視角】

面對浮屍，死因似無可疑，但有一點疑問，也該詳查，王璩盡心不苟如此。鄭克認為，一個好的執法者必須盡心行事、盡力而為，兢兢業業，忠於職守。他多次強調要「盡心」、「盡心矜謹」；做一個「不苟」的君子，盡心研求辨誣之術，以期能夠精熟。表現在行動上，即盡心察情、「驗傷者宜盡心」、「盡心推事」、「盡心察獄」，此般思想貫穿了鄭克論及的訴訟到審判的整個過程。鄭克讚揚〔後唐〕孔循、〔宋〕范正辭等人的審案，「非有他術，俱盡心察情，故能釋冤。」〔宋〕張堯佐對道士負冤之案，鄭克亦讚：「苟非盡心察情，不能得其冤狀」（以上見卷二），即使對於卜筮怪異之事，也應當盡心，不可有一丁點的馬虎。

謹慎行事也是盡心、不苟的表現之一。鄭克在記述了魏國陳矯自覽罪狀，將繫囚千數一時論決之事後，稱讚說：「《易》曰：『君子以明慎用刑而不留獄』。矯自覽罪狀，所謂明慎也，一時論決，所謂不留獄也。」並且分析道：這大概是罪狀已經確定，而判輕判重還拿不準，所以吏人不敢決定。「若罪狀未定者，慮有冤誣，理當考核，豈可取決一時耶？君子於此，宜盡心焉。」（以上見卷八）另外，盡心也反應在審判者認真辨明案情、謹慎求刑，然後選用恰當的法條這方面上。譬如鄭克曾指出，同樣是子盜改嫁之母的棺柩，如果母與後夫同穴而葬，卻「發其塚取其柩」，則應按照「劫墓見屍」之法論處，經過上請也只能減死一等，僅比「發塚取財」輕；假若後夫尚在，母死未葬，「獨盜其喪以歸」（以上見卷四），沒有發掘墳墓盜取財物，那麼處罰就輕得多。㉖

3. 抗壓性強，遇難不避

【代表案例原文】

〈寒朗廷爭護冤〉

〔後漢〕寒朗，以謁者守侍御史，與三府掾屬共考案楚獄顏忠、王平等，辭連耿建、臧信、鄧鯉、劉建四侯。建等辭未嘗與忠、平相見。是時，顯宗怒甚，吏皆惶恐，諸所連及，率一切陷入，無敢以情恕者。朗心傷其冤，試以建等物色獨問忠、平，而二人錯愕不能對。朗知其詐，乃上言：「建等無奸，專為忠、平所誣。疑天下無辜，類多如此。」帝乃召朗入，問曰：「建等即如是，忠、平何故引之？」朗對曰：「忠、平自知所犯不道，故多有虛引，冀以自明。」帝曰：「即如是，四侯無事，何不早奏，獄竟而久繫至今邪？」朗對曰：「臣雖考之無事，然恐海內別有發其姦者，故未敢時上。」帝怒罵曰：「吏持兩端！」

㉖ 張全民〈鄭克法律思想初探〉，《法制與社會發展》二〇〇四年六期，頁四一—五四。

促提下。左右方引去，朗曰：「願一言而死。小臣不敢欺，欲助國耳。」帝曰：「誰與共為章？」對曰：「臣自知當必族滅，不敢多污染人，誠冀陛下一覺悟而已。臣見考囚在事者，咸共言妖惡大故，臣子所宜同疾，今出之不如入之，可無後責。是以考一連十，考十連百。又公卿朝會，陛下問以得失，皆長跪言：『舊制，大罪禍及九族。陛下大恩，裁止於身，天下幸甚。』及其歸舍，口雖不言，而仰屋竊歎，莫不知其多冤，無敢牾陛下者。臣今所陳，誠死無悔。」帝意解，詔遣朗出。後二日，車駕自幸洛陽獄，錄囚徒，理出千餘人。

【承辦人員及案情簡介】

本案承辦人寒朗，字伯奇，後漢魯國薛人。出生三日，遭戰亂，被棄之荊刺；數日兵禍稍解，母往視之，猶尚氣息，遂收養之。及長，酷愛經學，博通書傳，以《尚書》教授，舉孝廉而為官。寒朗任後漢侍御史時，發生顏忠、王平的謀反冤案，二人還誣指耿建、臧信、鄧鯉、劉建等人。寒朗覺得奇怪，於是隔離偵訊顏、王二人，發現他們對劉建四人的犯行供詞不一，於是奏明皇帝，皇帝不解，寒朗認為顏、王二人故意誣指劉建等人，實在希望有人查明該四人冤情時能連帶為自己洗刷冤屈。沒到皇帝竟怪罪寒朗不早早奏明案情，還認為寒朗投機，想加以嚴懲。但寒朗據理苦諫，以為當時的氣氛是不管誰有罪無罪，只要有風吹草動，官員們為了討好皇帝，都會想羅織人罪。過了幾天皇帝氣消了，以為寒朗的話有道理，便親自理清案情，放了千餘冤囚。鄭克按語：

彼其惶恐，一切陷入，無敢以情恕者，唯務一己逃責，豈恤眾人負冤，斯不仁哉！仁者必有勇，於朗見之矣。

【今日犯罪偵查視角】

封建時代，皇帝貴為天子，在地上行執行著天的旨意，「普天之下，莫非王土，率土之濱，莫非王臣。」（《詩經・小雅・北山》）君權神授的氛圍下，臣下對君令不敢不遵，「君要臣死，臣不得不死」（（明）鐘惺《混唐後傳》）。而本案承辦人寒朗發現案情藏有蹊蹺，不避朝廷輿論風向，向皇帝據理力爭，摸逆鱗、犯龍顏，只因憐憫蒙受不白之冤者的生命，其中所展現出來的勇氣實屬難得，故鄭克十分讚賞。

侯友宜指出犯罪偵查指揮官容易出現的缺點，其中之一就是心理上無抗壓性㉗；同樣的今日實務上對執法人員也要求需具備抗壓力㉘，這是因為刑事案件通常成為社會矚目的焦

㉗ 侯友宜《犯罪偵查實務通論》（臺中：白象文化，二〇一一年三月），頁二六七—二七一還指出犯罪偵查指揮官常犯的其他錯誤還有：過度干預，沒有專業，只想凸顯指揮權；選擇性辦案；領導者領導風格與能力不足；各單位本位主義等。

㉘ 黃富源、侯友宜《談判與危機處理》（臺北：元照出版公司，二〇〇二年一〇月）頁四六—四八。

點，容易招致社會及長官壓力，加上工作危險，性命朝夕難保㉙，執法人員心理上必須承受得住各種壓力、遇難不避，才能堅持到破案那一刻。

㉙ 侯友宜《犯罪偵查實務通論》（臺中：白象文化，二〇一一年三月），頁二五三—二六六。

三、《折獄龜鑑》所記載運用在犯罪偵查上具刑事鑑識雛型的技術

犯罪偵查之目的在澈底瞭解犯罪事實，而對於犯罪事實真相之瞭解，一方面固然依賴嚴密調查、多方蒐證、逮捕嫌犯、技巧偵訊等之實施，但另一方面最重要的就是刑事證據的鑑識。發現證據以及蒐證、採證已屬不易，而分析解釋鑑定結果更為困難。在刑事證據鑑識進行的過程中，每個步驟都可能發生偏差或錯誤，其直接或間接對於偵查之進行和案情研判及刑罰處斷，影響極大。常見偵查多年的刑案，雖然犯罪情節已可推斷，但中間細微證物無法鑑定而不能輕易結案；也有纏訟多年之刑案，因新的證據鑑識結果出現，得以破案。①由是可知刑事鑑識科學在犯罪偵查中的重要作用。前文提及的「桌腳理論」也指出破案的第二支柱就是物證。

① 徐遠齡〈刑事鑑識對於犯罪偵查之重要性〉，《警學叢刊》一二卷二期，一九八一年，頁二—四。

愈是科技進步，犯罪分子愈是懂得利用科技進行犯罪，其犯罪方式也就更加狡猾多端、日新月異，依此而形成的犯罪案件就更難以偵查。所以相應於犯罪技術所產生的偵查技術和措施也就更加廣泛，並連同自然科學和社會科學以及某些人文科學的許多門類理論、方法產生了聯繫。②因而我們可以明顯發現應用於犯罪偵查的科學，其實跨越了好幾個學門，偵查所派上用場的鑑識科學，同時利用著其他學門的研究成果。

常見的刑事鑑識科學領域可大略分為指紋鑑識、工具及其痕跡鑑識、屍體鑑識（法醫學）、文書鑑識、槍枝鑑識、火場鑑識、微物鑑識、體（血）液鑑識、毒（藥）物鑑識等。然而看似進步、科技含量高且現代感極強的刑事鑑識，其實在中國已經發展很長一段時間。③不過當時人們對其原理，只知其然，不知其所以然，還停留在應用而未充分瞭解其原理，故稱之刑事鑑識科技可矣。

為廓清《折獄龜鑑》中應用了何種鑑識科技，筆者從《折獄龜鑑》中摘取運用刑事鑑識觀念或技巧而破案的代表性案例，簡單分析案情後輔以現代刑事鑑識原理做為說明或補充，期能透過本節的討論，使今人更加瞭解《折獄龜鑑》乃至中國中古以前刑事鑑識科技的全

② 張玉鑲、文盛堂《當代犯罪偵查學》（北京：中國檢察出版社，一九九九年九月），頁二〇。

③ 鄒濬智、曾春僑〈中國古代各種刑事鑑識雛型綜論〉，收入鄒濬智編著、曾春僑與蔡佳憲助編《警察文史與通識教育研究論叢》（桃園：中央警察大學出版社，二〇一六年四月），頁五九。

貌。④

（一）現場保全、勘驗與證據初步標誌蒐集

【代表案例原文】

〈司馬悅以鞘查凶〉

時有汝南上蔡董毛奴者，齎錢五千，死在道路。郡縣疑民張堤為劫，又於堤家得錢五千。堤懼拷掠，自誣言殺。獄既至州，悅觀色察言，疑其不實。引見毛奴兄靈之，謂曰：「殺人取錢，當時狼狽，應有所遺，此賊竟遺何物？」靈之云：「唯得一刀鞘而已。」悅取鞘視之，曰：「此非里巷所為也。」乃召州城刀匠示之，有郭門者前曰：「此刀鞘門手所作，去歲賣與郭民董及祖。」悅收及祖，詰之曰：「汝何故殺人取錢而遺刀鞘？」及祖款引。靈之又於及祖身上得毛奴所著皂襦，及祖伏法。悅之察獄，多此類也。

④ 以下據鄒濬智、曾春僑〈對中國古代刑事鑑識科技的總盤點——從《折獄龜鑑》起手〉（《二〇一六漢學研究國際學術研討會論文集》，斗六：雲林科技大學漢學應用研究所，二〇一六年一〇月二七—二九日）與曾春僑、鄒濬智〈我國古今刑事鑑識科技綜論〉（《弘光人文社會學報》一八期，二〇一七年）所提及的重點為基礎，展開論述。

【承辦人員及案情簡介】

本案承辦人司馬悅，字慶宗，司馬楚之之孫，司馬金龍之子，源賀之女所生，北魏時期任豫州刺史。上蔡縣董毛奴被劫殺，平民張堤家中起出之錢財與董毛奴被劫之數相符，而被問了死罪。由於司馬悅直覺張堤並非兇手，於是仔細詢問死者家屬在兇案現場是否發現什麼，因而得到仔細搜索現場找到的特殊刀鞘。由於刀鞘造型太過特別，並非一般市井街坊所能購得，在訪察城內工匠後確認了刀鞘主人乃董及祖，偵訊後董及祖坦誠不諱。⑤

【今日犯罪偵查視角】

中國刑事鑑識到了宋代，現場勘驗得到了廣泛的運用。承前文，宋代在現場勘驗的偵查實踐中，創設了「先靜後動」的勘驗規則和現場勘驗、屍體檢驗、現場訪問三位一體的勘驗模式，在中國歷史上最早使用了現場繪圖技術，這些都證明宋代現場勘驗制度在中國偵查發展史上佔有重要地位。⑥

---

⑤ 本案分析引自鄒濬智編著《國文基本教範・下篇・古典文獻所見奇案簡析》（桃園：中央警察大學出版社，二〇一〇年一二月）頁二〇四。

⑥ 黃道誠〈宋代偵查中的現場勘驗初探〉，《河北大學學報》哲學社會科學版二〇〇九年三期，頁一〇九—一一三。

今日刑事偵查對現場的處理更為細緻，分為：

其一、現場保全——現場保全的目的在原始且完整保存證據，因此從事現場保全工作即具有兩層意義：一是靜態上的意義，對於犯罪現場實施封鎖以避免人為無端的破壞，並利於後續勘查採證的進行。二是動態上的意義，對於犯罪現場應實施即時勘查，以避免具有動態特質之證據消失，而不利於現場重建。⑦前文提及的犯罪偵查「桌腳理論」共有四隻腳，第一隻腳就是現場保全。現場一定要封鎖保護，並以物證的位置、方向、狀況為基礎，尋找相關的證據，避免判斷錯誤而漏未採證，並製作現場紀錄，從各個物證的順序、關係、因果，邏輯推理重建犯罪。

其二、現場勘驗——現場勘驗是一種發現的過程，發現在犯罪現場所發生的所有犯罪活動，如犯罪本質、犯罪形態、物證種類及其他所有在犯罪現場及與犯罪相關的事實真相。所以鑑識人員必須在犯罪現場進行有系統的勘查。刑案現場勘查是以科學方法為基礎，是一個有系統、有條理的步驟，在到達現場時就展開，接著現場保全、現場搜索、現場記錄、物證辨識、物證顯現、採取、包裝與保存、物證鑑定、現場分析，最後進行犯罪現場重建。接下來便依照現場搜索、現場記錄、物

⑦ 侯友宜《犯罪偵查實務通論》（臺中：白象文化，二〇一一年三月），頁一七九。

證採取進一步還原案情細節。最後利用顯微鏡的幫助，從微物跡證中找線索，確定原先推敲的案情是否正確，以偵破案件。⑧

其三、證據初步標誌蒐集——取得證據是重建犯罪現場、釐清法律責任的重要依據。現場蒐集到證據，依其性質可以分為物證、事證、痕跡證據、人證。若依它們對現場重建所能發揮的功能，則可分成六種跡證⑨：第一種、時間性證據——時間在犯罪之過程上佔有很重要之地位，知道時間即可瞭解先後次序。第二種、次序性證據——所謂次序性證據即說明犯罪行為先後關係，藉以推定案件發生的次序，進而推演出犯罪之過程。第三種、方向性證據——方向性證據可以顯示物移動時之方向或由何處所來。第四種、位置性證據——位置性證據可以顯示被害人與加害人之位置，並可推定有無共犯。刑事案件中，加害人與被害人之間相關距離、位置即屬現場重建不可或缺之因素。第五種、範圍性證據——範圍性證據係可提供偵查人員偵查蒐證的範圍。而若有發現新證據，則必須縮小或擴大搜查區域，若有必要，甚至改變搜查區域。第六種、情況證據——所謂情況證據並不一定是依科學鑑定所得，卻對案情研判有相當幫助之證據，通常由偵查人員查訪得來。

⑧ 黎國豪〈犯罪偵查與現場勘驗之關係〉，《警學叢刊》九卷三期，一九七九年，頁五二—五七。

⑨ 郭振源編著《刑案現場重建之研究》（桃園：中央警官學校，一九九五年），頁一—五。

例如：被害人之生活習慣、癖好，案發時附近居民聽到之聲響等。

另，犯罪偵查中的現場觀察訪問也不僅是實施觀察與訪問，其中已開始在建構案情輪廓以及對犯罪嫌疑人的追緝，只不過是僅在查證階段而已。在諸多犯罪偵查實務經驗中，犯罪嫌疑人有時會一反常態的留置在現場當中，或觀察警方的偵查進度與方式，或出面誤導警方偵辨方向，或多次出入刑案現場附近，企圖湮滅相關的贓、證物等。基於犯罪嫌疑人有如此的犯後行為模式，因此偵查人員於初抵現場時，應實施縝密巡視觀察，俾能發現犯罪嫌疑人，即時追捕。⑩

（二）各種微小證據的蒐集與鑑識

1. 跡證鑑識／微物跡證

【代表案例原文】

〈周紆語屍詐奸〉

〔後漢〕周紆，遷召陵侯相。廷掾憚紆嚴明，欲損其威，乃晨取死人斷手足，立寺門。

⑩ 侯友宜《犯罪偵查實務通論》（臺中：白象文化，二〇一一年三月），頁一八二—一八三。

紑聞，便往至死人邊，若與死人共語狀。陰察視口眼有稻芒，乃密問守門人曰：「悉誰載稾入城者？」門者對：「唯有廷掾耳。」又問鈴下：「外頗有疑吾與死人語者否？」對曰：「廷掾疑君。」乃收廷掾考問，具服：「不殺人，取道邊死人。」後人莫敢欺者。

【承辦人員及案情簡介】

本案承辦人周紑字文通，東漢徐州人，為人苛刻無情，效法法家韓非思想，終遷洛陽令。周紑任新職，手下怕他新官上任三把火，想殺殺他的威風，於是自城外移入死屍，想丟個難題給他。沒想到周紑假意與死屍對話，趁機觀察其上沾到的微物跡證——稻芒，摸清了屍體的來源，加上詢問城門守人，終於查出是下屬移屍，用來為難自己。鄭克按語：

紑視口眼有稻芒者，跡也；若與死人共語者，譎也。以跡推核其事，以譎發擿其情，乃復密問，以相參考，而奸人得矣。是故後人莫敢欺也。

【今日犯罪偵查視角】

周紑之所以識破下屬的詭計，仍在其利用屍體沾到的微小稻芒，加上城門守者的證詞，得知了屍體的來源。此為利用微物跡證作為破案線索的標準案例。現代刑案現場常見之微物跡證有油漆、玻璃、射擊殘跡、毛髮、植物種子或孢子⑪、纖維、土壤、各種體液、輪胎橡膠⑫等，均可能為破案之重要關鍵。由於此類跡證體小易滅，因此發現及採集各種微物跡證，要避免證物迭失或污染，處理過程就必須更為謹慎；這也是刑案現場採證工作中，微物跡證處理至為重要原因之一。⑬

微物跡證之所以可以連結、推測出案件重要關係人，乃立基於「路卡理論」。「路卡理論」指出，當兩物體相接觸時，兩者間必定會有物質的交換產生。⑭重要關係人既接觸過現場，一定有屬於個人的微物跡證留在現場，或自現場帶走微物跡證。通常這類能證明接觸關係的跡證體積微小不易發現，連嫌犯本身都有可能忽略。這種跡證也是證明關係人到過現場的鐵證。

今日刑事鑑識實務上有關微物證據的處理，包括初步篩選與儀器分析兩大步驟：

第一、初步篩選的目的在將鑑定資源做有效運用，當有足以個化之直接證據時，則以個

⑪ 陳用佛、鄒濬智《凡接觸必留下痕跡——淺談鑑識科學》（桃園：中央警察大學出版社，二〇一二年三月），頁六五。

⑫ 楊秋和、謝越平〈發展輪胎辨認方法以追查證物來源〉，《二〇一四年鑑識科學研討會論文集》（桃園：中央警察大學鑑識系，二〇一四年），頁二九—三四。該文討論以多元素掃描熱分析法辨識輪胎成分的方法。

⑬ 陳泰宏、謝金霖、徐榮發、葉家瑜〈微物跡證在刑事鑑識應用之案例探討〉，《二〇一〇年鑑識科學研討會論文集》（桃園：中央警察大學鑑識系，二〇一〇年），頁三六九。

⑭ 此為法國人Edmond Locard的主張，又稱「路卡交換原理」，解釋兩個物體接觸會發生微物證據交換的現象。

化證據為主。但因非每件刑案均有個化證據可用，以交通事故為例，若有血跡微物足資個化，當然以檢驗ＤＮＡ最佳；而若沒有個化跡證時，則車漆、纖維、土壤、花粉等類化性證據，也可派上用場。不過這類微物鑑定複雜費時，且需使用交叉比對之儀器設備繁多，若能夠有效進行初步篩選，則可降低大量實驗室負擔。使明顯無比鑑價值之證物不進入實驗室，有效利用鑑定資源。這些初篩工作大部分可經由現場位置比對、顯微鏡形態觀察等做初步排除與確認。

第二、儀器分析則使用各種分析儀器，做成分等分析，刑案證物需於法庭提示，且常因他造當事人或較高層級法院的要求重複接受鑑識分析，因此總量較少的微量證物需優先使用非破壞性分析方法進行鑑定，以免耗盡證物，影響後續訴訟程序之進行。以油漆為例，考量到樣品之特性，多先以顯微鏡進行觀察，再以掃描式電子顯微鏡／X射線能譜分析儀、顯微紅外線光譜分析儀⑮及熱裂解氣相層析質譜分析儀、穩定同位素質譜法作為分析手段。這些常用的儀器，即構成現代微物精密儀器分析的基礎。

⑮ 黃富成、阮惇威、龔怡嘉、李正勇、葉瑞彬、黃女恩〈以傅立葉紅外線顯微光譜儀應用在車禍案件中微物跡證之鑑定〉，《二〇一四年鑑識科學研討會論文集》（桃園：中央警察大學鑑識系，二〇一四年），頁四一—四六。

2. 血／體液鑑識

【代表案例原文】

〈獄史鑑墨知凶〉

江南大理寺，嘗鞫殺人獄，未能得其實。獄史日夜憂懼，乃焚香懇禱，以求神助。因夢過枯河，上高山。寤而思之，曰：「河無水，可字；山而高，嵩字也。」或言崇孝寺有僧名可嵩，乃白長官下符攝之。既至，訊問，亦無姦狀。忽見屨上墨汙，因問其由，云：「墨所濺。」使脫視之，乃墨塗也。復詰之，僧色動。滌去其墨，即是血痕，以此鞫之，僧乃服罪。

【承辦人員及案情簡介】

本案大理寺承審因一殺人案久而不破，感到憂懼。某日從夢境中得到靈感，於是重回現場，當場發現僧人可嵩鞋履上的墨跡十分可疑，洗去之後見到其上沾有血跡；以之詰問嫌疑人可嵩，發現他臉色有變，進一步詢問，可嵩就認了自己是殺人兇手。

【今日犯罪偵查視角】

大理寺承審利用鞋上發現的血跡質問可嵩，使其防禦心態受到撼動，因而招認實情。血跡屬於刑案現場常發現之生物跡證。人類的體液包括血液、精液、唾液、尿液、鼻涕等。除了指紋之外，人的各種體液是刑案現場中最常發現、最常用來作為生物個化比對的跡證。由於古人的技術還難以對鮮紅血液以外的體液進行精確的判斷，所以血跡就成了古代釐清命案或傷害案關係人身分的重要關鍵。

古代因為科技的限制，只能在現場以簡易的試劑進行血跡的確認，如〔宋〕宋慈的《洗冤集錄》就記有利用釅醋與老酒，使溶於土中之血跡顯現的方法。但是古人對肉眼已無法辨識的血跡，也是懂得同時利用昆蟲來協助辨識的。⑯《洗冤集錄．疑難雜說下》就記載：

> 有檢驗被殺屍在路傍，始疑盜者殺之。及點檢，沿身衣物俱在，遍身鐮刀斫傷十餘處。檢官曰：「盜只欲人死取財，今物在傷多，非冤仇而何？」遂屏左右，呼其妻問曰：「汝夫自來與甚人有冤仇最深？」應曰：「夫自來與人無冤仇，只近日有某甲來

---

⑯ 鄒濬智〈向古代的法醫學家借鏡——古今法醫案例互證三則〉，《警專論壇》七期，二〇一三年六月，頁三三—三八。

做債不得，曾有克期之言，然非冤仇深者。」檢官默識其居，遂多差人分頭告示側近居民：「各家所有鐮刀盡底將來，只今呈驗，如有隱藏，必是殺人賊，當行根勘！」俄而，居民齎到鐮刀七八十張，令布列地上。時方盛暑，內鐮刀一張，蠅子飛集。檢官指此鐮刀問為誰者？忽有一人承當，乃是做債克期之人。就擒訊問，猶不伏。檢官指刀令自看：「眾人鐮刀無蠅子，今汝殺人血腥氣猶在，蠅子集聚，豈可隱耶？」左右環視者失聲歎服，而殺人者叩首服罪。

觀察死者屍身刀傷，可以很容易的判斷兇刀。但若兇刀的取得管道太多，或可疑的兇刀太多，要如何找出兇刀及可能行兇的兇刀主人，就有其困難度。《洗冤集錄》卷五提到受害者係被仇殺，經驗屍後，推測兇刀為農村常見之鐮刀。但由於鐮刀實在太過常見，承辦官員於是利用嗅覺靈敏的蒼蠅——先將所有鐮刀集合起來，觀察蒼蠅集中在哪把鐮刀上，再於此推知用以農作的鐮刀不可能沾血、雖經洗去而仍能吸引蒼蠅之曾沾有血跡鐮刀為兇刀。⑰雖說古人辦案得不到現代鑑識科學的支持——透過各種儀器分析，但他們懂得透過仔細觀察，得知血液微物跡證可能吸引蒼蠅的特性，因此常藉蒼蠅協助而破案。此舉也隱涵了現代鑑識

⑰ 鄭濬智編著、陳用佛顧問《古代法醫文選》（桃園：中央警察大學出版社，二〇一二年一〇月），頁九六-九七。

科學中利用微物跡證破案的道理。⑱

今日刑事鑑識實務中，留存在現場的體液可能因為各種外在因素影響，影響外觀與純度，故必須由勘查人員於現場先行發現及確認證物所在，再做審慎的採證工作。⑲今日實務中的體液採集工作包括⑳：

第一、辨識及確認──即以形態、位置、案情、邏輯性為基礎，並配合各類光源如紫外光、可見光、紅外線等檢視，發現證物所在位置，再進行形態分析，並就形成原因作初步判斷。

第二、初步鑑別──即先進行如種屬試驗等工作，以對證物性質做初步的鑑別。

第三、個化──即送實驗室進行個化比對。

---

⑱ 鄒濬智〈也談《洗冤集錄》司法檢驗的科學性〉，《警大雙月刊》一七五期，二〇一四年，頁八──一一。

⑲ 黃兆清、林俊彥、林忠信、黃純英、袁巧璇、李俊億〈法醫生物跡證鑑定方法〉，《科儀新知》三三卷四期，二〇一二年，頁四──一四。

⑳ 謝幸媚、盧皇德、楊雅玲、蔡麗琴〈血液鑑別方法及DNA鑑定系統靈敏度之評估〉，《臺灣法醫學誌》，五卷一期，二〇一三年六月，頁二八──四〇。

（三）槍彈鑑識

【代表案例原文】

〈孫登比丸釋冤〉

吳太子孫登，嘗乘馬出，有彈圓過。左右求之，適見一人，操彈佩圓，咸以為是。辭對不服。從者欲捶之，登不聽。使求過圓，比之非類，乃見釋。

【承辦人員及案情簡介】

本案主人翁孫登為孫權之子。魏文帝黃初二年，封孫權為吳王。並且拜孫登為東中郎將，封萬戶侯，孫權以孫登年幼辭去爵位不受。同年，孫權立孫登為太子。本案記到孫權長子孫登有事外出，差點遭從面前飛襲的彈丸擊中。孫登不願冤枉他人，於是要嫌疑人拿出其使用的彈丸，再比對現場取得的差點打到他的彈丸，發現兩者形態並不相同，於是命令屬下將嫌疑人釋放。本案所記三國時期吳國孫登遇彈襲，進而鑑識襲彈丸的案例，也是為人所津津樂道之中國所見最早子彈、彈道鑑識的案例。鄭克按語：「人之負冤，多因疑似，聽者不能審謹，忿然作威，遂至枉濫。」好在孫登明智，並未意氣用事，終不至冤枉了偶然路過之人。

【今日犯罪偵查視角】

中國於火藥發明後，陸續將其應用於各項戰事中，可惜並未將火砲微型化，變成可單人攜行的槍枝，反而仍然倚重依靠人力的彈弓、弓矢、弩等；如果中國出現相關鑑識，也只能集中在彈弓、弓矢及以弩等物件上。直至西方將火砲改良為單兵攜帶的手砲之後，出現火藥動力槍枝的原型；裝填的彈丸也逐漸多樣化、便利化。關於槍彈以及相關鑑識的技術也才隨著西方的船堅砲利進入中國。

今日刑事鑑識中的槍彈鑑識包括槍枝與彈藥識別、槍彈紋痕比對與射擊殘跡辨識等。孫登視襲己的彈丸與嫌疑人身上的彈丸並不相符，這樣的做法屬於彈的紋痕、加工痕鑑識。槍彈紋痕比對，則是比對現場拾獲彈殼、彈丸上留存的各種痕跡，與查扣槍枝上痕跡的一致性。

根據臺灣《砲彈藥刀械管制條例》第四條中有關槍砲、彈藥之定義，槍砲指火砲、肩射武器、機關槍、衝鋒槍、卡柄槍、自動步槍、普通步槍、馬槍、手槍、鋼筆槍、瓦斯槍、麻醉槍、獵槍、空氣槍、魚槍及其他可發射金屬或子彈具有殺傷力之各式槍砲。彈藥指前款各式槍砲所使用之砲彈、子彈及其他具有殺傷力或破壞性之各類炸彈、爆裂物。故有關前述各種槍砲彈藥的識別，即槍枝與彈藥鑑識的工作。槍彈鑑識工作主要在判斷製造的精密程度、改造程度、持有成本、可否正常作用等，以上均與判決刑度息息相關。射擊殘跡辨識，則包括殘跡顯現、成分分析與形態詮釋等。㉑以上鑑識結果，或能找到槍支提供者、開槍者，或能排出案發時間及案發時間順序等重要破案線索。

（四）驗傷／驗屍

傷害案或兇殺案中，對受害者或屍體進行檢驗是重要的偵查做法。㉒古代官吏亦時常使用，讓屍體說話往往能達到意想不到的效果。利用對屍體的檢驗，不但能查找死者的由來身分，辨別死因及致死物、兇器，也能從屍體上發現非理死（非自然死亡）的證據，從而查明真相，讓兇手不致逍遙法外。

中國早在西元前二百多年便有了法醫專職人員，對法醫學的投入也早於世界上其他國家。世界上最早的法醫書籍即為（南宋）宋慈所撰寫的《洗冤集錄》。㉓法醫學是一門實踐性很強科學，在司法中往往少不了它。能在世界上最早被運用在司法實踐中，也從另一個側

㉑ 孟憲輝〈射擊殘跡之形成與特性〉，《警學叢刊》二六卷五期，一九九六年，頁四七—六五。

㉒ 呂向文〈我國古代辨案方法初探〉，《湖南公安高等專科學校學報》二〇卷三期，二〇〇八年六月，頁一一三—一一五。

㉓ 鄒濬智〈華夏文明在中古的司法拔尖——宋慈撰作《洗冤集錄》內外條件綜論〉，《全人教育集刊》一輯，二〇一四年一〇月，頁二五—四五。

面證實中國古代法醫學曾處於領先地位。㉔

隨著近代醫學及科學知識之發展，法醫也已超越傳統之法醫相驗、法醫解剖、法毒物學及親子鑑定項目，擴充至如法牙科學、法精神學、臨床法醫學、法護理學、法昆蟲學、法人類學㉕等跨領域學門，為屍體檢驗提供更多的研判工具。

經整理，《折獄龜鑑》所見因驗屍、驗傷而破案的案例可分為以下幾類：

1. 驗毒物

【代表案例原文】

〈王臻問傷明偽〉

王臻諫議知福州時，閩人欲報仇，或先食野葛而後鬭，即死其家，遂誣告之。臻問：「所傷果致命耶？」吏持驗狀曰：「傷無甚也。」臻以為疑。反訊告者，乃得其實。

㉔ 王立民〈中國運用法醫學知識偵破刑案史論〉，《犯罪研究》二〇〇〇年三期，頁一—四。

㉕ 范濤等〈X線攝影測量活體脛腓骨長度推算身高〉，《J. of Forensic Medicine》二四卷二期，二〇〇八年，頁一一八—一二一。

【承辦人員及案情簡介】

本案承辦人王臻，字及之，宋朝潁州汝陰人。始就學，能文辭。曾知壽州，有時名。舉進士第，為大理評事，歷知舒城、會昌縣，通判徐、定二州，以殿中丞知兗州，特遷監察御史。王臻任福州知州時，當地人為報夙仇，會先服用毒草，再到仇家拼鬥等死，藉以誣陷仇家殺人死罪。王臻覺得某案可疑，讓人驗屍，發現死者雖然有外傷，但並不致死——死者係死於毒草，而非被仇家所殺，因而還給了仇家清白。鄭克按語：

賈昌齡少卿，初為饒州浮梁尉。其俗輕死，與人有怨，往往先食野葛，以誣怨者。昌齡輒能辨究之，與臻問傷類矣。是皆深察者也。

【今日犯罪偵查視角】

本案死者雖然有外傷，但究其死因仍死於自服之毒草，這類死因鑑定屬於刑事鑑識科學中有關毒物學的範疇。毒物指進入身體後，能侵害身體機能、器官，破壞身體正常生理功能，引起組織損傷，甚至造成生命死亡的物質。刑事鑑識為了分析方便，會根據毒物之起源、藥理作用、作用器官、化學性質等做不同的分類。隨著化學工業進步，市面上隨時出現新的藥品、農藥、毒物、化學物質，身體受到這些物質傷害的機會也變多；讓人難以提防的日常毒物，更容易被取得並用做犯罪工具。所以在不明原因死亡事故鑑定中，各種毒物的檢驗屬於必驗項目。

今日刑事鑑識實務中，分析毒物，若可能已攝取進入人體時，則腸胃內容物、腎臟、尿液、肝臟等藥物代謝與攝取的途徑均為可能的分析標的㉖；另外，現場中殘留的各種檢體，則可用來分析與印證體內毒物的種類。透過各種分離、萃取程序後，目前重要之科學儀器如氣象層析質譜儀、原子吸收光譜儀等，多數均可得知化學物質的結構等資訊，對於案情研判有極大幫助。

2. 驗屍首

（1）驗明正身

【代表案例原文】

〈府從事問喪追凶〉

近代有人，因行商回，見妻為人所殺，而失其首。既悲且懼，以告妻族，乃執壻送官。

㉖ 楊筑安、劉秀娟、林棟樑〈以氣相層析質譜分析法定量血液中氰化物及硫氰化物成分〉，《二〇一五年鑑識科學研討會論文集》（桃園：中央警察大學，二〇一五年），頁六五—七四。

不勝捶楚，自誣殺妻。獄既具，府從事獨疑之，請更加窮治，太守聽許。乃追封內仵作行人，令供近日與人家安厝去處。又問：「頗有舉事可疑者乎？」一人對曰：「某處豪家舉事，只言殂卻嬭子，五更初，牆頭舁過凶器，極輕，似無物，見瘞某處。」亟遣發之，乃一女子首。令囚驗認，云：「非妻也。」遂收豪家鞫問，具服：「殺嬭子，函首埋瘞，以屍易囚之妻，畜於私室。」壻乃獲免。

鄭克附二類似案例後按語：

彼里胥之濫殺，與平民之枉死，皆緣有司急於得首以結案也。然則追責贓證，可不審謹乎？

【承辦人員及案情簡介】

本案案發時間不明，但記某人之妻遭謀殺，僅得屍身，卻不見死首。承審官員急功近利，案子欲求速結，某人因遭屈打成招，認了殺妻死罪。口供加上屍首，本案的破案結論似乎無懈可擊。可案卷送往府級，複核官員覺得屍有身無頭十分可疑，於是在案發處四周查訪，得知鄰戶奶媽亦亡，但發喪之棺甚輕，不合常態，於是針對奶媽開棺驗屍，卻只得一死首。原來是大戶覬覦某人之妻，於是殺了奶媽，以奶媽的屍身偷天換日。

【今日犯罪偵查視角】

由於驗屍最重要的是驗明正身，如此案無首可辨的情況，更應詳加檢驗屍身的胎記、痣、生產痕跡、胖瘦、紋身或飾品等，以確認死者身分。可承審官員要求速結，忽略了驗屍的結果對案件具有決定性的影響，險釀冤案。鑑於中國古代驗屍都由仵作操作，承辦官員並未親身參與，宋朝宋慈《洗冤集錄》即記載許多屍體檢驗項目，並要求應依表操作填寫，以避免上述人為疏失。

今日刑事鑑識中的屍體檢驗實務，大致上可分為「行政相驗」與「司法相驗」兩大類㉗；行政相驗係由醫師檢驗屍體後，開具死亡證明。根據臺灣《醫療法施行細則》第五十三條規定：

> 病人非在醫院、診所診治、就診或轉診途中死亡者，無法取得死亡證明書者，由所在地衛生所或所在地直轄市或縣（市）主管機關指定之醫療機構檢驗屍體，掣給死亡證明書。

㉗ 吳景欽〈行政相驗與司法相驗之區別〉，《法令月刊》五五卷五期，二〇〇四年，頁二三—三四。

另根據臺灣《檢察機關與司法警察機關勘驗屍傷應行注意事項》第十七條規定：

> 司法警察機關受理人民報請檢驗病死屍體，應協助其申請當地衛生機關為行政相驗。如在偏僻、交通不便地區或當地衛生所無醫師者，應協助其向衛生機關所指定之開業醫師請求檢驗屍體，發給死亡證明書。

凡有關在醫療院所外，自然死亡或非病死的屍體，均可循上述方式取得死亡證明以利辦理相關殯葬事宜。

而司法相驗是指根據臺灣《刑事訴訟法》第二一八條規定：

> 遇有非病死或可疑為非病死者，該管檢察官應速相驗。前項相驗，檢察官得命檢察事務官會同法醫師、醫師或檢驗員行之。但檢察官認顯無犯罪嫌疑者，得調度司法警察官會同法醫師、醫師或檢驗員行之。

相驗後發現仍有疑義，則根據臺灣《法醫師法》第十條規定，再進行解剖以詳查死因。法醫學中按照死亡的原因、時間、性質、特點，結合司法工作的偵查、審理，將死亡分為自然死亡和非自然死亡（自殺、他殺、災害等，古籍稱作「非理死」）。屍體檢驗與解剖，是瞭解非自然死亡原因最有效的方式。

（2）驗致命傷

【代表案例原文】

〈李處厚澆屍驗傷〉

太常博士李處厚，知廬州慎縣。嘗有毆人死者，處厚往驗屍，以糟胾灰湯之類薄之，都無傷跡。有一老父求見，曰：「邑之舊書吏也，知驗傷不見跡，請用赤油繖日中覆之，以水沃屍，跡必立見。」處厚如其言，傷跡宛然。自此江、淮間往往用其法。

【承辦人員及案情簡介】

本案承辦人李處厚，字載之，為宋朝度支員外郎、夔州路轉運使李亞荀之子；歷屯田員外郎，終朝奉郎提舉淮南等六路茶稅。李處厚任廬州慎縣知縣時，處理一毆人致死案，以肉眼視死者，不見傷痕。圍觀人群中適有一老人提供建議，希望李處厚於中午時分撐開紅油傘，並在屍上澆水，便能看出傷痕。李處厚按表操課，果然看出屍身上的致命內傷傷痕。

【今日犯罪偵查視角】

太陽光具有紅、橙、黃、綠、藍、靛、紫七種可見光和紫外線、紅外線二種不可見光。如果在自然光源的照射下，眾多光線的反射無法讓人看清皮肉內或骨頭裡因受傷所產生的瘀血。《洗冤集錄》卷十八提到死者如果死亡多時，屍首半腐，若要驗傷，可以先加熱消毒、烝（蒸）骨去除軟組織。消毒是為了降低驗屍者的職業風險；去除軟組織則可以更容易觀察骨頭上的傷勢。按步驟將屍骨處理完畢後，再擇一陽光充足的天晴日，打上紅油傘，於傘下檢驗骨傷。能在紅油傘下驗出骨傷，原理即是利用紅油傘濾掉大部分可見光，減少可見光的干擾，並讓穿透力較強的不可見光——紫外線、紅外線照在屍骨上。由於骨頭是不透光物質，理應反射一小部分可見光和紫外線、紅外線。但若骨頭曾受外傷而內有滲血瘀積，此處便會吸收光線，造成黑影。使得原本在一般光源下看不到的骨傷得以觀察得到。㉘老人提供給李處厚的驗傷方法，道理也與此相通。㉙

今日刑事鑑識，法醫驗屍或鑑識人員對屍體進行初步觀察，也會使用紫外線光源進行驗

㉘ 鄒濬智〈也談《洗冤集錄》司法檢驗的科學性〉，《警大雙月刊》一七五期，二〇一四年一〇月，頁八——一一。

㉙ 《洗冤集錄》卷八另外提到可以在疑似有傷處熱敷上糟醋，再以油傘隔光視之，亦可見屍傷或骨傷處。詳參鄒濬智、蔡佳憲〈試從現代醫學分析《洗冤集錄》幾段難解之處〉，《警專論壇》一八期，二〇一六年三月，頁一五五——一六五。

傷攝影；在兇殺現場利用紫外線手電筒，配合橙色濾光鏡來尋找血跡，也是利用血跡與現場衣物地毯等背景對紫外線吸收及反射程度不同而呈現出不同顏色的原理。

（3）解剖

【代表案例原文】

〈傅琰破嗉解紛〉

（南朝）〔宋〕傅琰，為山陰令。有兩人爭雞，琰問：「雞早何食？」一云粟，一云豆。乃殺雞破嗉，而有粟焉，遂罰言豆者。

【承辦人員及案情簡介】

本案承辦人傅琰，字季珪，南朝宋北地靈州人，先祖南下，世代僑居南方。自其父始，四代都曾擔任過南朝縣令，並著聲名。傅琰歷任縣令、廣威軍將郡丞、尚書右丞、督軍、建威將軍、刺史等職。為官明察事理，處事果斷，特別是辦案重視實物證據，廉正有才，勤於職守。傅琰任山陰縣令時，兩人爭奪一雞，傅琰問兩人早上餵食何物，其一云粟，一云豆，傅琰殺雞解剖，只見雞嗉中有粟，於是罰了誣告的言飼豆者。

【今日犯罪偵查視角】

由於死者為大的觀念影響，加上中國人自古即視死亡為不詳，所以對屍首的解剖並不流行，就連開棺驗屍，都必需得到死者血親的同意（如為出家人則需取得其師或其徒的同意），否則承辦人也會惹禍上身，嚴重一點的丟官去命都有可能；因而《折獄龜鑑》裡並未收錄對死者進行解剖的紀錄。但若所爭者為家禽家畜，則可利用解剖的方式瞭解其飼養方式，進而判斷失主為誰；本案即為一例。

（五）精神鑑定

【代表案例原文】

〈高防重審偽瘋〉

高防初事周，為刑部郎中。宿州有民剚刃其妻，而妻族受賂紿州，言「病風狂不語」。並不考掠，以具獄上請，大理斷令決杖。防覆之，云：「某人病風不語，醫工未有驗狀，憑何取證，便坐杖刑？況禁繫旬月，豈不呼索飲食？再劾其事，必見本情。」周祖深以為然，終寘於法。

【承辦人員及案情簡介】

本案承辦人高防任刑部郎中時，發現一殺妻案，被害人家屬因收受賂賄而不願追究，故意說殺人者有風疾，無法言語，精神狀況亦不佳，因而難以釐清真相。高防認為一人中風與否，怎能單靠被害人家屬片面之言決定；而且坐牢許久，若真無法正常言語，不呼喚獄卒準備飲食，早就餓死；因而判斷殺人者應是裝病無疑。於是就未依病減刑，而是按正常人加以判決。鄭克按語：

> 折獄之道，必先鞫情，而後議罪。今情猶未盡，罪輒先斷，於理可乎？此蓋受賂欲庇之耳。是故防之覆議如此。然但請再劾其事，不復推究所司，則雖疾惡，而亦矜瑣，且慮枝蔓也。

【今日犯罪偵查視角】

依《漢書・刑法志》所載，中國最早自漢代開始，即有依犯嫌的年紀或精神、智力情況予以減刑的規定。此規定歷來自為有心人所利用，藉由裝瘋賣傻以取得減刑或免刑。㉚今日

㉚ 鄒濬智編著、陳用佛顧問《古代法醫文選》（桃園：中央警察大學出版社，二〇一二年一〇月），頁二。

實務中亦常見犯嫌利用臺灣《刑法》第十九條：「行為時因精神障礙或其他心智缺陷，致不能辨識其行為違法或欠缺依其辨識而行為之能力者，不罰」以及「行為時因前項之原因，致其辨識行為違法或依其辨識而行為之能力，顯著減低者，得減輕其刑」以規避刑責。所以針對犯嫌的健康及精神進行鑑定就顯得特別的重要。

生理健康與否較容易觀察，但精神的鑑定，就得依賴司法精神醫學。今日刑事鑑識實務中的司法精神醫學，係指以精神醫學知識協助司法系統處理精神疾病者之犯罪責任能力、犯罪當時的精神能力、作證能力、兒童監護權，並提供其他精神科意見供司法做判斷參考。鑑定報告並非僅提供精神疾病之診斷。而是必須有全盤的考量，讓司法系統能信任所看到的是專家報告。原則上應以直接面談檢查被鑑定者，再綜合其他所能獲得的佐證資料完成鑑定報告。只有在嘗試所有可能辦法而仍無法直接做檢查時，才能根據書面資料做鑑定報告。

司法精神鑑定應遵守保密原則。鑑定醫師應告知被鑑定人，雙方並非醫病關係，醫師是受什麼機構委託而進行精神評估工作，以及對鑑定所獲資料如何處理，並說明此資料只能提供給授權委託鑑定的司法單位，不得向其他非相關單位透露。在監獄工作的司法精神醫學專家，必須謹守醫師立場，既不扮演司法系統的偵探角色，也不可偏袒受刑人對抗管理單位。㉛

㉛ 以上有關司法精神鑑定的說明摘自林信男〈司法精神醫學〉，醫學精神講座，臺北：最高法院四樓會議室，二〇〇二年八月一〇日。

司法精神鑑定過程還必須考慮到被鑑定人的做假詐病問題。因為事涉刑責，被鑑定人非常可能做假詐病。實務上常見的做假詐病有以下兩種㉜：

第一種、記憶缺失之做假——對犯案經過之記憶缺失之開始及結束，有很清楚的時段界線。但若提供暗示或線索幫助其回憶犯案經過，做假者傾向於無法改善其回憶。視覺記憶劣於聽覺記憶。對自己之身分故意答錯或不回答。

第二種、裝作精神病——刻意強調精神病及症狀，但其表現與一般醫療上常見者有差距。聲稱幻覺持續不斷而非斷續出現，但卻無法描述幻覺經驗。或所指幻覺完全與妄想無關聯。或說不出曾經對付幻覺之經驗。或自訴對各種命令式之幻覺照單全收去執行。

以上皆是實施司法精神鑑定時必須留心的地方。

㉜ 林信男〈刑事精神鑑定之失憶現象〉，《司法精神醫學學術分組小組通訊》五期，二〇〇五年，頁五—八。

（六）火場鑑識

【代表案例原文】

〈程琳勘災查實〉

程文簡公琳，知開封府。會禁中大火，延兩宮。宦者治獄，得縫人火斗，已誣服，而下府，命公具案獄。公立辯其非。禁中不得入，乃命工圖火所經。而後宮人多而居隘，其灶竈近版壁，歲久，燥而焚。曰：「此豈一日火哉！」乃建言：「此殆天災也，不宜以罪人。」上為緩其獄，卒無死者。公在府，決事神速，一歲中獄常空者四五。

【承辦人員及案情簡介】

本案承辦人程琳，字天球，程委人。宋朝程琳為理學家程頤、程顥之父程珦之兄，大中祥府舉人。宋仁宗即位，琳升太常博士，會修《真宗實祿》，追修《大中祥符》，八年以後成書，遂修《起居注遷祠》。仁宗命程琳接待契丹使者，使者妄有所言，琳以理折服。是年底中遷右諫大夫，權御史中丞。仁宗益知程琳賢能，召為給事中，知開封府，程琳居開封府數年，久治精明，盜訟稀少，監獄屢空，又遷戶部、吏部二侍郎，終任鎮安軍節度使。本案發生於程琳任開封知府時，宮中大火，眾以為係裁縫使用火熨斗不慎引起。由於宮中門禁森嚴，程琳無法進入調查，於是訊問目擊的宮人，並將火流延燒的過程繪製成圖。程琳從火流圖判斷應是宮中人口稠密，爐灶使用頻繁，附近版壁不堪久烤而起火，並非一人一時所造成。程琳據此向皇帝爭取為相關人等減免刑責。鄭克按語：「琳圖火所經處，以辨掠服縫人之非，是也。火發於後宮，而人多居隘，苟欲根治，豈無枉濫？」程琳明知案發處為一般人難以進入調查的皇宮，仍費力蒐集口供，依供繪圖，還原事實，為相關人等爭取減刑，其精神值得今日執法者效法。

【今日犯罪偵查視角】

今日火災現場，通常由消防人員首先抵達救災，因此火場鑑定時，可先詢問現場消防人員有關火流方向資訊，並由現場燃燒狀況，查明燒毀最嚴重區域的特徵，綜合研判可能的起火點與燃燒方式。㉝火災現場勘查人員找到確切的起火點後，接下來要瞭解火災形成原因以及是否為有人為縱火等因素；採證的重點亦繞著這些要點打轉。在火災現場，自然起火狀況

㉝陳立偉〈苦茶油工廠火災案例淺談〉，《消防月刊》二〇一四年一〇月號，頁四〇—四五提到現場自然發火物質引發火災之位置研判方法，根據現場燃燒後狀況、環境，且排除其他可能火源，後再以實驗方法測試油粕內含之不飽和脂肪酸燃燒狀況後，獲得相關結論。

下，多處同時起火的機率較低，故通常只要有多處起火點，就須朝人為縱火的方向調查。因為每種火災的發生原因不同，難以有完全相同的兩種現場可以參考，所以起火點的研判沒有一定的規則，須依據現場狀況，包括現場人員的供述等綜合研判。㉞而點火方法的鑑識，則需檢視電線、打火機、火柴、蠟燭等殘跡特徵、縱火劑特定燃燒形態及其殘跡等。想瞭解是否人為縱火，尚須由建築物破壞特徵、縱火劑殘跡、多處起火點位置等狀況研判。例如與其他建築物有一定距離的獨棟式鐵皮屋，不致於延燒至其他建築物，若附近其他建築物亦有同時起火情況，就要懷疑有多處起火點、遭人縱火的可能性。

又今日火場鑑識也要繪製火圖，謹錄火場鑑識各步驟如下，俾便參酌：儘快趕赴現場→分配任務→攜帶必備器材→先確認火災全盤概要（火災異狀、傷亡、關係人供詞、燒毀狀況、搶救狀況、場保存狀況等）→進入火場前先從高處俯觀全貌→少數人在不破壞現場前提下進入瞭解狀況→綜合分析，初判起火點位置，擬定挖掘範圍→照相蒐證→會同關係人進行開挖調查→圖面製作→復原→延燒路徑及起火點判斷→起火原因判定→其他原因檢討→解除現場→補充調查。㉟

㉞ 張維敦〈從九一一恐怖攻擊談縱火現場之偵檢技術〉，《中央警察大學恐怖主義與國家安全學術研討暨實務座談會論文集》（桃園：中央警察大學，二〇〇四年），頁一六九—一七二。
㉟ 廖茂為《火災調查與鑑識實務》（新竹：張天然出版社，一九九五年二月），頁四九—五八。

（七）文書鑑識

文書鑑識指的是對文書進行真偽及法律效力的辨識工作。人類進入文明時代，法律行為的行使主要依靠法律性質文書的往返。因此辨別文書的書寫時間、真偽和它的法律效力，就顯得格外重要。㊱以下就《折獄龜鑑》所見的不同文書鑑識案例進行說明。㊲

1. 鑑識印文

【代表案例原文】

〈王珣按牘比印〉

王珣少卿，知昭州。有告偽為州印者，繫獄久不決，史持其文不類州印。徇為索景德以前舊牘，視其印文，則無少異，誣者立雪。蓋史不知印文更時也。

㊱ 馬念珍〈對中國古代訴訟證據制度特點之考證〉，《貴州省二〇〇四年刑法學年會論文集》（貴陽：貴州省法學會，二〇〇四年），頁一—四。

㊲ 以下據陳用佛、鄒濬智〈《折獄龜鑑》文書鑑識案件古今談〉（《警大雙月刊》一六六期，二〇一三年四月）一文提及之重點為基礎，展開論述。

【承辦人員及案情簡介】

本案承辦人王珣，字元琳，小字法護，琅琊臨沂人，東晉著名書法家。父中領軍王洽，祖父丞相王導。因封東亭侯，時人稱之王東亭。王珣任昭州知州時，有位官員被舉報使用假印。告他的官吏所持的證據是被告官員在文書上所用印和州府現行印不同。王徇於是派人找來景德年以前的舊公文，比較上頭的印文和被告所用者，結果發現並無不同。原來被告所用的是舊印，而告他的官史不知道州印曾更換過，才誤以為他使用假印。此案並非官吏存心誣告下屬，不過長官不知調閱新舊公文來做比較，而讓下屬蒙冤，亦有可議之處。鄭克按語：

此非告者造誣也，但見其不類而告之耳。所印文書景德時事，當索景德以前舊版校之。吏不思此，乃令久繫，亦可憐哉！唯珣盡心，於是獲釋，不然則必冤死矣。

【今日犯罪偵查視角】

印章作為一種身分、權威的標記，有著廣泛的用途。印文是印章印面蘸上印泥、印油等介質或直接在文書等物品上蓋印所形成的印跡。對印文進行鑑識，必須要觀察它的一般性特徵與細部特徵。

印章印文的一般特徵是指印章印文的形態狀況及其組成部分。印章印文的一般特徵包括：製成方式特徵（手工製成、機械雕刻、照相製模或印刷等）；形態特徵（長方形、三角形、橢圓形、菱形等）；大小特徵（面積、直徑等）；圖文特徵（文字和圖案，與其排列形式等）；文字形體特徵（字體、字形等）；邊框類型及形態特徵（單或雙框、寬窄等）等。

印章印文的細節特徵指的則是：圖文、線條的細節特徵（印文圖案、文字、線條或邊框的形態和搭配比例以及在印面上的相互關係）；字間位置與距離特徵；筆劃線條的交接和搭配位置特徵；筆畫、線條間的比例特徵；筆畫、線條的傾斜方向特徵；筆畫、線條的形狀特徵（筆畫或線條的弧度、轉折角度及兩端形態等）；磨損、修補特徵；暗記特徵（印章的製作或使用過程中，為了防偽或區別印章再不同時期的使用情況，而有在圖文、線條的某一部位增加或減少某一部分所形成的形態特徵）；盲字特徵（印章在使用過程中，由於印泥或其他異物堵塞文字筆畫造成的暫時性模糊不清現象）；製作工藝細節特徵等。

印章的使用處於不斷的變化中。新舊印章的交接使用也會造成印文改變。知道這樣的一個變因，前引案例中的冤判，本應要儘量避免才是。又因同一個印章的使用受到時間的影響，印面特徵會出現一定的變化；新的特徵產生，舊的特徵則會消失。還有，印章由於蓋印時的作用力、作用條件的變化，而這個變化受到印章印面（受到使用時間或印章材質物理性質影響）、蓋印力、承受面的材質以及印染物質四個變因影響。在對印文進行鑑識時不能不一併考慮進去。

2. 鑑識塗改文書

【代表案例原文】

〈江某鑑紙知偽〉

江某郎中，知陵州仁壽縣。有洪氏，嘗為里胥，利鄰人田，紿之曰：「我為收若稅，免若役。」鄰人喜劾其稅，歸之，名於公上。逾二十年，具偽券，茶染紙類遠年者以訟。某取紙即伸之，曰：「若遠年紙，裡當白；今表裡一色，偽也。」訊之，果服。

【承辦人員及案情簡介】

本案承辦人郎中江某生平不詳，其任陵州仁壽縣知縣時，姓洪的前里正因貪圖鄰居的田產，便欺騙鄰人將田產掛在自己名下，以免除稅賦與徭役。鄰人信以為真，上了當。洪氏接著偽造田契，還用茶汁染紙，讓它看來像是年代久遠的樣子，然後前來陳情說田本來是他的。江知縣取過田契，發現這張紙表裡都是黃色，顯係偽造。審訊之後果然如此。

【今日犯罪偵查視角】

本案利用茶汁當染劑來塗改文書，其目的在偽造文書的書寫年代，以使偽造的文書可信度提高。但更常見的是利用筆墨或染劑塗改文書文字內容。此時可以利用物理或化學方法來進行鑑識：利用物理方式對文書上的文字進行鑑識，其可行條件必須是：原文用硬性工具書寫且掩蓋物質均勻塗蓋，使得原文的痕跡得以呈現，但這種理想的情況並不多；多數經過塗改的文書必須利用一些技術設備（如紅外檢測儀器、紫外線燈、顯微鏡等）和一定的化學試劑、玻璃器皿與其他材料，按塗蓋及原文的物理性質，採用合適的方法，才能順利進行鑑識。

3. 鑑識刮擦文書

【代表案例原文】

〈張楚金析字解誣〉

〔唐〕垂拱年，羅織事起。湖州佐史江琛，取刺史裴光判書，割取其字，湊合成文，以為與徐敬業反書，告之。則天差御史往推。光供稱云：「書是光書，語非光語。」前後三使，皆不能決。或薦張楚金能推事，乃令再劾，又不移前疑。楚金憂悶，偃臥窗邊，日光穿透，因取反書向日看之，乃見書字補葺而成，平看則不覺，向日則皆見。遂集州縣官吏，索水一盆，令琛以書投於水中，字字解散。琛叩頭服罪。敕決一百，然後斬之。

【承辦人員及案情簡介】

唐朝垂拱年間，湖州佐史江琛竊取刺史裴光寫的判決書，先把字挖了下來，再拼湊成文，偽造了一封寫給徐敬業的謀反信。但裴光堅決不認罪。武則天於是命張楚金再去審理。本案承辦人張楚金㊳遇然拿起謀反信對著日光看。結果發現信上的字都是一個個修補黏貼上去的。因而識破了江琛的誣告。

【今日犯罪偵查視角】

江琛利用剪貼的方式變造出裴光的謀反信，手段屬於擦刮文書的範圍。所謂擦刮文書，指的是人為利用小刀、橡皮等工具，把原文件上某些文字、數字及圖案擦刮掉，再依變造者主觀意圖添補上所需的文字，以改變原文件內容的一種假文書。擦刮文書的變造者必須要把原文字「除掉」，所以紙張表面纖維被破壞的程度很嚴重。本案中的江琛，使用的是剪貼方

㊳ 唐初大理卿張道源族子，並州祁人。少有志行，事親以孝聞。

式，紙張纖維被嚴重破壞，所以他變造的擦刮文書一遇水就化解開來。因為擦刮文書有這樣的一個紙張纖維遭破壞的明顯特徵，所以特別容易辨識出來。

在鑑識擦刮文書時還必須注意以下幾個重點：其一是紙張，如果紙張表面光滑厚硬，擦刮後就不容易發現所留痕跡；其二是書寫顏料，如果書寫使用不易滲透到紙張內的顏料（如蠟筆、石墨筆等），擦刮痕跡也不易發現；其三是書寫力道，如果力道太小，擦刮之後也不容易發現原來的字跡。所以要避免文書遭到擦刮偽造，紙張可選擇比較薄、書寫可用滲透性比較強之墨水顏料，再加上以較大的力量書寫便可。

4. 鑑識個人化筆跡

【代表案例原文】

〈宋文帝筆跡證賊〉

宋文帝元嘉二十二年，孔熙先與徐湛之、許耀、謝綜、范曄謀立彭城王義康，湛之上表告狀，詔收綜等，並皆款服，唯曄不首。頻詔窮詰，曄言：「熙先苟誣引臣。」文帝令以曄所造及改定處分、符檄、書疏墨跡示之，乃引罪。

【承辦人員及案情簡介】

南朝宋文帝元嘉年間，孔熙先與徐湛之、許耀、謝綜、范曄密謀擁立彭城王劉義康為帝，卻被徐湛之上表告發。除了范曄之外，其餘人等全認罪。最後文帝下令將范曄親筆起草和定稿的處分文書、符檄、書信，拿來和造反書信中的筆跡進行比對，范曄這才承認罪行。㊴

【今日犯罪偵查視角】

筆跡，古稱手跡或墨跡，晉代以後才開始有筆跡的稱謂。中國早在一千多年以前就有關於筆跡判斷的論述，如〔漢〕楊雄《法言．問神》即有「言，心聲也；書，心畫也」之說，指出筆跡風格與人格的關係；〔漢〕鐘繇〈筆骨論〉提出「筆跡者，界也，流美者，人也」的觀點，強調筆跡和個人美感的關聯性。西元十七至十八世紀，西方的筆相學派也曾提出「筆跡可以反映人的個性」——從筆跡上可以判斷書寫者是好人還是壞人的說法，並認為從筆跡中可以鑑別其是否為罪犯。雖然上述的觀點太過主觀，不免有唯心之虞，但筆跡反映書

㊴ 鄒濬智〈漫談中國早期歷史中的幾個筆跡鑑識案件〉，《警大雙月刊》一七八期，二〇一五年四月，頁二八—三一。

寫者某些心理特性，卻是有跡可循、有據可依的。

筆跡是書寫者透過書寫動作而形成的文字符號，反映的是書寫者的書寫習慣及其所具有的特徵。形成筆跡的三個要素有：文字符號、書寫工具和書寫活動。手寫的文字符號反映出書寫者獨特的文化素養和書寫技巧；書寫工具決定了筆跡線條的具體形態和結構；書寫活動反映出書寫者的書寫力和書寫動作模式。這些條件讓每個人的筆跡所反映出來的書寫技能和其習慣完全不同，筆跡也就有了鑑別個人的條件。

不同年齡或健康程度不同的人，其書寫力輕重就不同，書寫動作模式順暢與否也就不同；不同教育水準的人，文字符號所反映出來的美觀程度也不同；擁有不同習慣書寫工具的不同書寫者，寫出來的文字形態也不同。因為書寫人的筆跡具有客觀反映性、總體的特殊性和相對的穩定性，上述筆跡的特性也是筆跡鑑定的重要科學基礎。

5. 鑑識摹仿筆跡

【代表案例原文】

〈張鷟括字辨誣〉

〔唐〕張鷟為河陽尉。有呂元者，偽作倉督馮忱書，盜糶官粟。忱不認，元堅執，久不能決。鷟乃取告牒，括兩頭，留一字，問元：「是汝書，即注云『是』；不是，即注云

『非』。」元注云：「非」。去括，乃是元告牒，遂決五下。又取偽書括字問之，元注云：「是」。去括，乃是偽作馮忱書也，元遂服罪。

【承辦人員及案情簡介】

本案承辦人張鷟，字文成，號浮休子，深州陸澤人，曾任御史、都尉、鴻臚丞、司門員外郎，亦為唐代著名文學家，著有傳奇《遊仙窟》、《朝野僉載》等。張鷟任河陽縣尉時，呂元為了盜賣官倉存儲的粟米，偽造了倉督馮忱的信。案發之後，馮忱矢口否認。張鷟取來一份告牒，遮住兩頭，留一字問呂元是不是你自己寫的字，呂元說不是，結果卻是呂元自己寫的告牒。然後又取來偽造的告牒，照樣遮住其他字，只留下一字，呂元說是自己的字，結果去掉遮掩，卻是他所偽造的馮忱的信；呂元只好認罪。鄭克按語：

> 鷟蓋已知其誣，而欲使之服，故括字以核其奸，問書以正其慝，斯不可隱諱矣，亦安得不服乎？

【今日犯罪偵查視角】

摹仿筆跡文書係指摹仿書寫者按照自己對特定人筆跡特徵的認識，在偽造文書上進行描摹仿寫所形成的近似於特定人筆跡特徵的偽裝筆跡。摹仿書寫者之所以進行摹仿書寫，或是為了方便栽贓嫁禍，或是為了轉移偵查焦點。無論摹仿書寫的目的如何、摹仿對象是誰，都會在摹仿的文字中留下自己的書寫特徵。所以前引案中的呂元才會因此無法分別自己的真跡與摹仿字跡，露出了馬腳。

摹仿書寫的過程裡，一方面要尋找被摹仿者的特徵字，觀察、分析並短暫記憶被仿寫者的筆跡特徵，一方面又要極力控制自己的書寫動作，不讓原有書寫習慣流露，並在書寫中盡可能把自己觀察到的筆跡特徵描繪出來。這樣的一個摹仿動作，因為不是正常書寫，因此在書寫過程中會出現運筆動作的描繪性（只是照樣「繪畫」）、注意分配原則限制下臨時書寫動作的不連續性（字或筆劃的停頓）、主觀故意改變引導（和被摹仿者的字跡特徵相符性太高）和客觀自由重複再現的矛盾性（特徵字重複性高）、書寫習慣動作的複雜性（字形的書寫不符自由書寫的形態）和主觀認識的侷限性、主觀需要的特定性與客觀條件的不完全性。若接受鑑識的文書出現以上幾個情況，幾乎就可以斷定是利用摹仿筆跡所偽造出來的文書了。[40]

[40] 鄒濬智《筆跡檢驗與海歸簡牘鑑別》（桃園：中央警察大學出版社，二〇一五年九月），頁四五。

（八）現場重建／犯案過程模擬

【代表案例原文】

〈袁滋秤金解疑〉

〔唐〕李勉，鎮鳳翔。有屬邑耕夫，得馬蹄金一甕，送縣。為令者慮公藏主守不謹，而寘之私室。翌日，開視之，則皆土塊耳。以狀聞府，遣掾案之，不能自明，誣服換金。初云：「藏之糞壤，被人竊去」，後云：「藏投之水中，失其所在。」雖未窮易用之所，而皆以為換金無疑。府中宴集，語及此事，咸共嗟嘆。時袁滋在幕府，獨疑其枉，勉乃移獄就府，俾滋鞫之。滋閱甕間，得二百五十餘塊。詰其初獲者，則二人以巨竹舁至縣。乃於列肆索金，依塊形狀，鎔寫校量。始秤其半，已及三百斤，計其大數，非二人以竹擔可舉，即是在路之時，金已化為土矣。令乃獲雪。

【承辦人員及案情簡介】

本案承辦人袁滋，字德深，唐朝蔡州郎山人。經內兄元結引薦入仕，授試校書郎，官終湖南觀察使。李勉鎮守鳳翔時，農夫挖到馬蹄金一甕，縣令擔心公家倉庫的主管操守不好，於是放在自己家，沒想到隔天黃金變成土塊，縣令便坐了個失職罪。但黃金下落自始尋不得。李勉的慕府袁滋以為此間必有冤情，於是重新模擬初獲黃金者口供中的黃金數量，發現根本不是最先二個抬金人能抬得動的，可見黃金運送至縣令家中時已被動了手腳。袁滋先取得嫌疑人及所有關係人的口供，依時間序排出事件可能的發展，再找出最可疑的時間點，最後按嫌疑人的口供模擬當時的情況，察知嫌疑人的無辜，終於還給嫌疑人清白。鄭克按語：

夫六百斤金，固非二人竹擔可舉，若在路時已化為土，則到縣時自當驗實，雖色未變，而輕重頓異，亦易知矣，令何故尚慮公藏主守不謹，而置之私室乎？乖舛如此，無足取者。

【今日犯罪偵查視角】

現場重建有二個好處，其一是驗證嫌疑人的供詞是否可信，其二是方便將證人、關係人、嫌疑人帶回現場，利用重建的現場，勾起回憶，使其能補充說明更為詳細的案發經過。此即今日「記憶再生的訊問原則」的一種——按一般在犯罪行為經過很久之後，很少有能詳加記憶而全盤托出的，所以偵查人員必須刺激相關人等來幫助回想，取得較確實的供述。一般有二種方法，一為聯想記憶法，在訊問時提起重點，可以促成其聯想起更多細節；二為現場記憶法，乃將其置於現場或相同情況下，促使還原當時行為的記憶。[41]袁滋利用現場重建，發現身為嫌疑人的縣令，其認罪係自誣之詞；同時也經實驗確認了抬金人所稱黃金重量，現實中並不可能存在——黃金在進入縣衙時已不是黃金。

今日現場重建的適當時間機點也是在犯罪人對偵查人員或是在審訊時，提供了有用的犯行交待後。另外像有些案件陷入膠著情形，如陳案及死因可疑的案子等，均需進行重建，並要求重建分析專家將這些與案情有關的報告、紀錄、照片或是現場圖等，進行複查工作，以便發掘未被發現的有效資訊。而將案發前後，一切可能與犯罪有關聯之行為歷程，予以回溯研判，可以研判目擊證人、存活被害人的陳述，或是依嫌犯本身的自白哪個較為可信——當然同時也必須對照現場現關物證的情形及鑑識結果才行。[42]

今日鑑識實務中進行現場重建：

其一、重建重點[43]

第一、特定犯罪的重建——係針對案件的性質進行重建，例如命案、縱火案，妨害性自主案等。

[41] 周桐明〈偵查之科學觀與科學偵訊術的探討〉，《警學叢刊》九卷二期，一九八七年，頁二一——二七。
[42] 林燦璋主編《犯罪剖繪（二）》（桃園：中央警察大學出版社，二〇〇〇年五月），頁八，四——五。
[43] 翁景惠、程曉桂〈幾種現場重建技術簡介〉，《刑事科學》四九期，二〇〇〇年，頁一四一——一五四。

第二、特定性質的重建——重建的對象包括順序、方向、位置、關係、身分等。
第三、重點的重建——可分為整個案件、部分案件、限定項目與特定形態的重建等。
第四、特定物證重建——如針對血跡噴濺痕等形態性證物、槍擊痕跡等進行重建。
第五、特定領域的重建——譬如犯罪剖繪重建就是㊹，它包含犯罪模式、動機與心理，研判有組織或無組織犯罪現場的重建；而現場剖繪重建，則可用於研判第一現場或第二現場等。

其二、重建步驟

現場重建步驟則包括：界定問題，切割成不同的子題進行資料收集，後再提出假設，針對假設資料，可用專家資料作分析評估、以物證鑑定作驗證、以時間序列作分析、以機率考慮風險性，或是進行角色扮演。在所有事證均不違背假設的前提下，形成相關結論，確認現場重建的理論。

由於現代科學進步與對人權的重視，擔心冤案的產生，現場重建只會越來越精細且繁

㊹「犯罪剖繪」又稱「心理剖繪」、「罪犯剖繪」、「罪犯人格評估」、「犯罪現場剖繪」、「犯罪現場評估和行為剖繪」等，主要是將心理學與精神醫學對犯罪人的系統研究，予以比較、分析、分類、歸納並標準化各種犯罪的類型，提供偵查人員在偵辦刑案時，可以搜集到犯罪者與被害人、犯罪情境互動後所留下的行為跡證，再以行為跡證來過濾犯嫌，縮小偵查範圍，提高破案比率的偵查技術。以上參黃富源《犯罪心理剖繪檔案》，臺北：商周出版事業，二〇〇五年。

複，使用的精密儀器測繪㊺及電腦軟硬體㊻也越來越多元——務必窮盡科學極限與考量各種可能性後，才能做出相關結論。

還要說明的是，犯罪現場有可能被變造更動過。一個犯罪現場被變造，多半是加害人與被害者有某種關聯性，加害者認為可能會因此受到法律制裁，便希望透過變造犯罪現場來誤導警方的偵查方向。另一個原因是為了保護被害人或被害者的家人，這通常發生在強姦殺人案或是變態自慰行為導致死亡案中；由於死者死於一個不忍卒睹的情況，家人基於對死者尊嚴的保全，也會變造現場。所以調查人員到達現場時若發現現場遭到變造，須推知現場是基於何種原因被變造才是。㊼

㊺ 邱式鴻、謝幸宜〈以地面雷射掃瞄儀重建刑案現場之研究〉，《刑事科學》六六期，二〇〇九年，頁一〇一——一二四。
㊻ 林朝國《3D雷射掃描儀於現場測繪之應用》，桃園：中央警察大學鑑識科學研究所碩士論文，二〇一二年。
㊼ 林燦璋主編《犯罪剖繪（二）》（桃園：中央警察大學出版社，二〇〇〇年五月），頁一八——一九。

四、《折獄龜鑑》所記載進行犯罪偵查時所採用的幾種策略和方法

（一）中國兵法權謀文化對犯罪偵查的影響

犯罪偵查活動有著十分悠久的歷史。大約在人類社會中出現了因為資源的不足或人性的貪念所引發的盜竊和殺人等違反社會行為規範的行為時，就產生查明案情和認定犯罪的需要。中國在犯罪偵查中使用兵法謀略的歷史很早，這是因為中國古代軍警不分。軍事將領大多兼負有執法辦案的職能。據《尚書・舜典》記載：「帝曰：『皋陶，蠻夷猾夏，寇賊奸宄，汝作士』」，皋陶所擔任的士，應當具有兩個方面的職能：一是對外的軍事防禦，打擊外敵入侵，保衛夏王朝的國家安全和鞏固其統治地位；二是對內的治安職能，打擊「寇賊奸宄」，維護夏朝社會秩序的穩定。「士」的一官兩職充分說明了中國傳統的軍警不分的格局從一開始就是如此，後世的廷尉、都尉、校尉以及衛、戍、執金吾等官職，亦均兼軍事、國

家安全保衛與偵緝犯罪職能於一身。①

軍事策略思想在中國有著悠久的發展歷史，是中華民族寶貴的文化遺產。中國古代軍事策略的發達與古代激烈的政治、軍事對抗密切相關。而由於偵查工作與軍事對抗的態勢大體一致，加之在中國古代和近代的訴訟體制中，偵查的職權機構與行政、司法、軍事職能機構多是緊密聯繫在一起的，甚至合而為一，軍事策略在偵查領域中有著理想的適用環境，因此，高度發達的軍事策略思想自然而然地被引入了司法領域以及偵查實踐之中，並轉化成為偵查策略。②

中國古代連綿的戰事，對中國古典軍事謀略發展造成直接的推波作用；古代軍事謀略作品，從《孫子》、《吳子》、《尉繚子》、《六韜》、《三略》等古代軍事專著，一路到近代的《三十六計》，奇謀異策比比皆是。同時，準軍事化的用間謀略、心戰謀略、伐交謀略也異彩紛呈。這些謀略強調「兵不血刃」，用疑誘敵，用奇創敵，用計伐敵，與執法辦案在策略上有許多相通、相似、相近之處③，許多軍事謀略與辦案實際相結合，就能輕易演繹出許多辦案謀略。④

---

① 馬洪根〈中國古代偵查謀略探源〉，《中國人民公安大學學報》社會科學版二〇〇八年五期，頁一五四。
② 劉秋蓮、任惠華〈論我國偵查策略的理論來源〉，《鐵道部鄭州公安管理幹部學院學報》二〇〇〇年三期，頁一四。
③ 郭茂德《以計為首——一一二個古代辦案謀略》（臺北：博雅書屋，二〇一二年），頁六—七。
④ 鄒濬智編著、呂豐足助編《從軍事到治安——三十六計在警察工作中的應用》，桃園：中央警察大學國文教學小組，二〇

當然，除了兵法，宮幃之中的政治權謀之術也提供了偵查謀略不少啟示。春秋以後，由於周王室失勢，禮崩樂壞，諸侯之間相互吞併，宮廷內部則各勢力相互傾軋；群臣之間爭權奪利，陰謀陽謀盡出，刀刀見骨。特權階級們為了實現自己的目的，不得不採用各種手段，窺探敵對方的情報、挑起敵對方陣營的內部紛爭，以便排斥異己。這一特定的歷史背景催生了以縱橫之術、法家思想為代表的權謀理論。

縱橫之術要以《鬼谷子》最為代表。《鬼谷子》是對古代遊說和外交規律的系統總結，是中國第一部說服學理論專著。該書以「捭闔」學說為基點，建立了「知」、「情」、「意」結合的謀略體系，認為進獻說辭、運用謀略，必須首先瞭解對象的性情、才能、權謀，慎重衡量利害得失。只有在瞭解對象的度權量能這一基礎上，才能施行飛箝之術⑤以結連對方，運用忤合之術⑥以堅定自己的意志。法家集大成者韓非也強調將「法」、「術」、「勢」有機結合的權謀之術：「抱法處勢則治，背法去勢則亂」（《韓非子・難勢》）、「君無術則弊於上，臣無法則亂於下，此不可一無，皆帝王之具也。」（《韓非子・定法》）

一五年九月。

⑤ 此為說服謀略的一種，先用誘使對方說話，獲知對方好惡，然後以褒獎的方法限制住對方立場，使其無法對即將應允的事反悔。

⑥ 又稱反忤之術，頗為類似激將法——故意講出對方不中聽的話，使對方說或做出符合我本來要他說或做的事。

這些政治權謀之術從表面上看與偵查破案毫無關聯，但由於中國古代的官僚機構和官員均集行政管理與司法辦案於一身，而權謀之術正是他們在宦海浮沉不滅頂的法寶，因而自然也會有意識地將之應用於偵查謀略當中。譬如《史記・蘇秦傳》記載，早在戰國時期，蘇秦就曾利用政治鬥爭與權謀之術，在其身後捕獲殺己之兇手：

齊大夫多與蘇秦爭寵者，而使人刺蘇秦，不死，殊而走。齊王使人求賊，不得。蘇秦且死，乃謂齊王曰：「臣即死，車裂臣以徇於市，曰：『蘇秦為燕作亂於齊』，如此則臣之賊必得矣。」於是如其言，而殺蘇秦者果自出，齊王因而誅之。

此一案例雖是權貴之間明爭暗鬥的血淋淋寫照，但其用謀技巧與現今偵查活動中普遍運用的釣魚謀略（誘惑偵查）如出一轍，也成為後世效仿的一則經典範例。如若全面地從中國古代偵查謀略的運用類別看，有很多都能從權謀較量及政治利益爭奪中找到方法的源頭。⑦

⑦ 馬洪根〈中國古代偵查謀略探源〉，《中國人民公安大學學報》社會科學版二〇〇八年五期，頁一五二——一五六。

（二）《折獄龜鑑》所見犯罪偵查策略與方法

犯罪偵查的任務在於蒐集證據、查明犯罪事實，確定犯罪嫌疑人、防止犯罪嫌疑人逃避偵查、審判而繼續犯罪行為。並保障無罪的人不會被追究責任。⑧今日犯罪偵查中常見的偵查策略、方法包括訊問嫌疑人、詢問證人、搜索、扣押、鑑定、勘驗、檢查、辨認、通緝等。特殊的偵查策略、方法包括：監聽、測謊、誘惑偵查等。⑨《折獄龜鑑》則記載了現場勘驗、調查訪問、耳目察奸、跟蹤守候等偵查方法。其中，既有公開的偵查方法，又有祕密的偵查方法；既有對人的偵查方法，又有對物的偵查方法；既有查證案情的偵查方法，又有收集證據的偵查方法，還有拘捕犯罪人的偵查方法，手段可謂相當豐富。除此之外，鄭克還用按語的方式對偵查方法的優劣及適用條件進行了分析，使得《折獄龜鑑》對偵查方法的探討上升到了相當的理論高度。

以下將試著運用現代犯罪偵查學的分類標準，對《折獄龜鑑》所見偵查策略、方法逐項加以梳理分析，俾建立其犯罪偵查策略方法體系。

⑧ 張玉鑲、文盛堂《當代犯罪偵查學》（北京：中國檢察出版社，一九九九年九月），頁二八—三一。
⑨ 蔣石平《偵查行為研究》，重慶：西南政法大學訴訟法學博士論文，二〇〇二年四月。

1. 蒐集線索、情報布建

（1）情報線索的祕密蒐集

a. 線民

【代表案例原文】

〈韋鼎布線知姦〉

〔隋〕韋鼎，為光州刺史。有人客遊，通主家妾。及其還去，妾盜珍物，於夜逃亡，尋於草中為人所殺。主家知客與妾通，因告客殺之。縣司鞫問，具得姦狀，因斷客死。獄成，上州。鼎覽之，曰：「此客實姦，而不殺也。乃某寺僧紿妾盜物，令奴殺之，贓在某處。」即放此客，遣人掩僧，并獲贓物。自是部內肅然，道無拾遺。

【承辦人員及案情簡介】

本案承辦人韋鼎，字超盛，南朝京兆杜陵人。博涉經史，尤善相術。南朝梁時，官至中書侍郎。以玄象曆數逢迎陳霸先建陳朝。太建中期，官散騎常侍。奉使北周時，又以相術勸楊堅篡位。後客居僧寺。楊堅建立隋朝後召見他，任上儀同三司。開皇十三年，任光州刺史。韋鼎在光州刺史任上時，本來一件已經定讞的遊客通人妾並殺人妾的案子，看來毫無破綻。但韋鼎遍布眼線，知道真兇是某寺僧人，還給了遊客清白。也因為韋鼎無所不察，境內無人敢犯罪。鄭克按語：

> 鼎所以知者，能廣耳目，以察奸慝也。苟不如是，則無以釋疑似之冤矣。夫治民之有耳目也，猶用兵之有間諜也。兵法云：「非聖智不能用間，非微密者不能得間之實。」廣耳目，察奸慝，亦猶是也。

【今日犯罪偵查視角】

犯罪手段愈高明、犯罪時間愈短暫，偵查人員所能掌握的現場資訊有限，對情報的依賴性也就愈來愈高。情報一方面來自現場證據和案件的目擊證人，一方面也要靠存在各行各業的「耳目」來幫忙蒐集。

古籍中的「耳目」，即今日的線民及下文將提到的臥底。在打擊犯罪或治理百姓運用上耳目，其靈感來自兵法。以《孫子兵法》為例，孫子對軍事領域內的祕密偵查，尤其是如何「用間」，做了詳細而獨到的分析和研究，內容涉及用間的作用、重要性；間諜的分類；用間的方法；間諜招募的條件及用間者應具備的素質；使用間諜的原則、間諜的任務等諸多方面——《孫子兵法‧用間》篇雖是專門針對軍事領域如何展開祕密偵查而加以著述的，但它很快就被運用到包括刑事司法在內的社會各個領域。只要稍加考察，就會發現包括中國在內的世界許多國家刑事司法領域內的臥底或線人偵查皆源於用間的概念。⑩

《折獄龜鑑》卷五云：「蓋以己耳目察奸，不若以眾耳目察奸之廣且盡也。」一人之力畢竟有限，因此要利用眾人的力量，盡可能多地搜集情報。治民方面要使用耳目，就好像在軍事活動中運用間諜那樣；犯罪偵查人員要能有效辦案，也必須仰賴可信任的耳目來及時提供重要情資。因此，鄭克十分激賞西漢張敞「以偷盜治偷盜」，認為「督察之術，莫善於此。」隋代韋鼎之所以能「釋疑似之冤」，也是因為「能廣耳目以察奸慝。」這是因為耳目不止察「民事」，還能察「盜賊」。只有對老百姓及犯罪分子的情況瞭若指掌，才能迅速、準確地斷案。所以鄭克多次在《折獄龜鑑》中指出要「廣耳目以察盜賊」、「廣耳目以察賊」（以上見卷七）；他在評論宋代葛源斷鄂州崇陽大姓與人妻謀殺其夫案時也提出類似的觀點：「此蓋布耳目察民事，而先知其為奸受賕者。」（卷六）

隨著犯罪的增長，特別是大批慣犯乃至於智慧犯罪集團的出現，今日犯罪偵查實務中，收集犯罪情報成了對付這類集團犯罪的重要工作。收集這類犯罪情報的主要方法是讓已經知情的耳目主動告密或積極前去收集情報，從而查明案情、緝捕罪犯，乃至預防犯罪。

⑩ 謝佑平、鄧立軍〈中國封建社會秘密偵查史略考〉，《中國人民公安大學學報》社會科學版二〇〇六年二期，頁一一一—一一八。

b. 臥底

【代表案例原文】

〈高謙之囚假求真〉

〔後魏〕高謙之，為河陰令。有人囊盛瓦礫，指作金，詐市人馬，因而逃去。詔令追捕甚急。謙之乃偽枷一囚，立於馬市，宣言是前詐市馬賊，今欲刑之。密遣腹心，察市中私議者。有二人相見欣然曰：「無復憂矣！」執送案問，悉獲其黨。

【承辦人員及案情簡介】

本案承辦高謙之，字道讓。高崇長子也。少事後母李氏以孝聞，李亦撫育過於己生。成年後摒絕人事，專意經史，天文、算曆、圖緯之書，多所該涉，日誦數千言。襲爵，釋褐奉朝所請，加宣威將軍，轉奉車都尉、廷尉丞。高謙之任河陰令時，有人偽用瓦礫為金，詐騙市馬；高謙之假意獲得真盜，騙出嫌疑人圍觀，再令心腹化妝成百姓，混入人群，暗中觀察，果然聽到賊人自曝犯行的對話。鄭克按語：「譎盜之術與擿奸同，彼亦用譎以擿之也。」

【今日犯罪偵查視角】

高謙之安排手下混入人群中，觀察究竟誰是真盜，此方法屬於臥底偵查。臥底是祕密偵查的一種，實施臥底，必須特別挑選偵查人員或經報備之適當線民，在不違反法律的範圍內，有計劃的打入特殊（犯罪）集團，瞭解集團內情形和蒐集證據，以期取得最有利之行動時機及情報，進而瓦解集團組織。線民或臥底所進行的祕密偵查是目前所知對付特別危險或難以破獲的犯罪的最有效手段[11]，所以線民或臥底在司法實踐中，長時間得到廣泛的使用，並受到司法機關大致認可[12]與保障。[13]

因為使用線民或臥底進行祕密偵查具有特殊性和有效性，故其出現在中國歷史舞臺上的時間非常之早。據史料記載，在距今約四千年的夏朝少康時期，少康為了復國報仇，就曾派心腹女艾去過澆那裡進行祕密活動，打探過澆的行蹤。女艾透過跟蹤監視收集了確切的情報，並策反了宮中不滿過澆的宮人，為少康成功擊殺過澆奠定了基礎。[14]易言之，女艾也正

---

⑪ 林東茂〈臥底警探的法律問題〉，《中央員警大學行事員警學系八十五年學術研討會論文集》（桃園：中央警察大學行政系，一九九六年六月六日），頁八三。

⑫ 劉進、郭海甯、胡陽〈中國秘密偵查之法律現狀研究〉，《法制與社會》二〇〇八年一二期，頁一六五。

⑬ 傅美惠《臥底偵查之刑事法與公法問題研究》（臺北：元照出版公司，二〇〇一年），頁五六—五七。

⑭ 鄒濬智、蕭銘慶《制敵機先——中國古代諜報事件分析》（臺北：秀威資訊，二〇一五年一月），頁一一—一二八。

是少康派去過澆處的臥底，而不滿過澆、被女艾收買人心的官人們即是線人。

戰國時期，中國出現要求和鼓勵知情者向官府「告密」的作法。知情的告密者即為線民。《史記・商君傳》就寫道商鞅：「令民為士伍，而相牧司連坐。不告奸者腰斬，告奸者與斬敵首同賞，匿奸者與降敵同罰。」韓非子評論道：「商君之法……匿罪之罰重，而告奸之賞厚也。此亦使天下必為己視聽之道也。」秦朝的法律中亦有類似的規定。

封建國家出現後，捍衛封建皇權、維護社會秩序，是統治者的首要任務。儘管秦始皇已經統一中國，但是那時的中國依然戰爭頻繁，為了取得戰爭的主動權，交戰雙方往往利用祕密偵查手段去獲取敵方情報，因而祕密偵查以其獨特的優勢在封建社會激烈的軍事對抗中獲得迅速的發展。值得注意的是，統治階級也開始將祕密偵查手段運用到刑事司法領域。譬如秦漢時期，在一些隱蔽複雜的案件中，負責犯罪事實查明的官員往往會派遣有特殊技能的偵查人員，借助特殊身分作掩護，依循各種線索，發現並接近犯罪嫌疑人，從而破獲刑事案件。「百姓有素豪猾為罪惡者，今畏縱之嚴，反為吏耳目，助治公務以自效。」（《漢書・酷吏傳》顏師古注）素行不良的惡霸、肖小害怕被嚴明的官吏嚴懲，便帶著將功折罪的心態幫助官員進行犯罪偵查活動，前文所提及的張敞，利用的正是「偷長」們的這個心理；除了重金收買外，這也是有效收編線民的另一種方法。

今日對犯罪偵查人員也要求需具備如線民或臥底般此能隨意打入人群或集團的性格，

這是因為今日刑事偵查人員為了能掌握更多情報與線索，面對犯罪與社會偏差行為，認知上必須緊握倫理與正義，但在行為上又必須對一些犯罪邊緣事件睜一隻眼閉一隻眼；對己身表現，一方面是公務員及為人長輩，得要嚴肅要求自己，一方面為了追查犯罪，又必須融入邊緣社會縱放己身。⑮只有透過遊走於法律邊緣，才能刺探到犯罪細節與罪犯下落。

c. 監視（聽）

【代表案例原文】

〈王璥設計明姦〉

〔唐〕貞觀中，左丞李行廉弟行詮前妻子忠，烝其後母，遂與潛藏，云：「敕追入內」。行廉不知，乃以狀聞，朝廷推詰甚急。後母詐以領巾勒項臥街中，長安尉詰之，云：「有人宣敕喚去，一紫袍人見留數宿，不知姓名，因勒送街中。」縣尉王璥令并其子引就房推問，不服。璥先令一胥伏於案下，又令一胥走報云：「長史喚」，璥倉皇鎖房門去。於是母子相謂曰：「必不得承。」又復有私密之語。璥至開門，案下之人亦出，母子大驚，並服其罪。

⑮ 侯友宜《犯罪偵查實務通論》（臺中：白象文化，二〇一一年三月），頁二五三—二六六。

【承辦人員及案情簡介】

本案承辦人縣尉王璥生平不詳。唐貞觀年間，有一個叫李忠的人與其後母通姦，縣尉王璥命令這個女人同她的繼子一起到通姦的屋子裡來受審，二人拒不承認。王璥略施一計：首先命令一個隨行人員藏在桌子底下，又命令另一個隨員以長史有事為由報告，喚王璥離去，王璥再匆匆忙忙鎖上房門離開。公堂無人之後，後母對她的繼子說一定不能承認。過了一會，王璥回來打開了房門，那個藏在桌下偷聽嫌疑人對話的隨員也站了出來。母子二人十分驚愕，只好認罪。

【今日犯罪偵查視角】

王璥令隨員伏於案下偷聽嫌疑人的對話，逮著把柄，這是一件運用守候監視（聽）的典型案例。古時候的監視（聽）並不像今日會有侵犯個人隱私權的顧慮。⑯特別在犯罪事證明確，但又無法取得犯罪嫌疑人的口供時，古代犯罪偵查人員會製造讓嫌疑人串供的機會，再從旁監聽，以取得嫌疑人的自我招認。本案承辦人王儆即是假意長官召見，使室內空無一

---

⑯ 陳俊宏〈檢策我國犯罪偵查對個人資料隱私的侵犯〉，《警專學報》五卷三期，二〇一二年四月，頁七三—一〇〇。

人，讓通姦兩造串供，再行現場突襲糾檢，使得通姦兩造百口莫辯。這種監聽方式除了用在偵訊外，有時也會用在獄中：案件承辦人先將嫌疑人等關押在一塊，再從旁刺探他們的對話，藉以瞭解其是否有冤情。

監視（聽），此又稱蹲點守候、就地監視（聽）。今日犯罪偵查實中，監視（聽）用在偵查人員於偵查對象住宅、經常出入的場所和可能進行隱身躲藏、接頭聯繫或實施現行犯罪以及與案件有關的區域場所周圍；運用上需選擇適當地點，設定祕密監視（聽）點，對偵查對象進行監控或逮捕。藉由案例比對，我們發現守候監視（聽）和下文提及的跟蹤盯梢一樣，都是刑事外線偵查的重要組成部分。所不同的是，跟蹤盯梢著重動態監控，守候監視（聽）則強調靜態觀察。⑰

今日犯罪偵查過程中採取監視（聽）的手段，其目的有⑱：

其一、瞭解犯罪組織建構——犯罪組織建構，若欲僅靠情報諮詢（布線）或查察方式欲全盤瞭解相當不易，尤其組織性、習慣性、專業性犯罪及重要逃犯均有其隱秘性，打入不易。因此唯有從通聯分析切入來辨明成員之間，主從關係與其內部結

---

⑰ 黃道誠〈中國古代偵查方法及對現代偵查的啟示——以《折獄龜鑑》為視角〉，《河北師範大學學報》哲學社會科學版三一卷二期，二〇〇八年三月，頁五一—五五。

⑱ 何明洲《犯罪偵查學》（桃園：中央警察大學出版社，二〇一二年），頁一一三—一一五。

構狀況較能奏效。

其二、掌握犯罪活動狀況——調閱通聯資料，從整天基地臺位置變換即可分析出對象一天當中作息狀況及生活習性。

其三、蒐集不法事證——通聯分析目的取主要的是蒐集對象不法事證，案件偵查觀念必須堅持著蒐證齊全後再執行搜索逮捕動作，否則針對習慣犯、專業犯，若事先沒有掌握其不法事證，在偵訊突破上欲讓其吐實，有如登天之難。

其四、確定對象行蹤——從通聯打出打入電話可以分析出對象現在行蹤。

其五、釐清犯罪事實——從通聯資料內容可清楚看出是否涉案。

此外，監視（聽）的內容還能供提偵訊突破的依據、提供法庭偵審的依據、提供可供搜尋的可疑犯案對象與電話。

今日實務上監視（聽）的分類和技巧亦更為細緻⑲，還有所謂透過通訊設備所進行的電子監視（聽）。技巧上更細分有化裝監視（聽）、內線監視（聽）、訪問監視（聽）、租屋監視（聽）、分頭監視（聽）、郵電監視（聽）等。⑳

⑲ 樵林《犯罪偵查》（臺北：保儒數位，二〇一〇年），頁二二三。

⑳ 王乾榮《犯罪偵查》（臺北：臺灣警察專科學校，一九九一年初版，二〇〇四年修訂三版六刷），頁一一二——一一三。

d. 跟縱

【代表案例原文】

〈陸雲拘婦捉姦〉

〔晉〕陸雲，為浚儀令。民有被殺而主名不立者，雲錄其妻，而無所問。十許日，遣出，密令人隨其後，謂曰：「不出十里，當有男子候之與語，便縛來。」既而果然。問之具服，云：「與其妻同謀殺之，聞得出，欲與語，畏憚近縣，遠相要候。」人皆歎服。

【承辦人員及案情簡介】

本案承辦人陸雲，字士龍，吳郡吳縣人，西晉著名文學家，與其兄陸機合稱「二陸」；陸雲曾任清河內史，故世稱「陸清河」。陸雲任浚儀縣令時，有人被殺卻無嫌疑犯，陸雲喚死者妻前來錄口供，並安排人暗中跟蹤他，果然等到奸夫前來接頭。縛得奸夫詰問，原是因奸殺人。鄭克按語：

此蓋察其妻有奸狀，故拘錄之以譎奸人，使疑而出也。

【今日犯罪偵查視角】

陸雲使人跟隨淫婦其後，因而查獲奸夫，即善用跟蹤破案的標準範例。跟蹤其實就是動態監視（聽），屬「流動觀察」或「動態觀察」的一種。[21]跟蹤的操作，乃根據情報或調查資料，對特定之人、時、地、事、物等對象或目標，進行連續的祕密觀察與跟隨蒐證行動。跟蹤的目的在於蒐集從事犯罪的證據、蒐集對象之不法企圖（活動範圍及其計畫內容）、找出藏匿之不法物品、證實有無其他共犯、查明一切供嫌犯實施犯罪活動的隱蔽場所、蒐集有關對象及同夥的不法活動資料、支援其他偵查作為。[22]

今日犯罪偵查運用跟蹤，事前要研析任務、認識對象、瞭解環境、編組分工、確認指揮系統、確認移動要領、預測歹徒動向、準備偽變裝之工具及合適交通工具等。跟蹤要比照當地居民依著舉止、避免穿戴顯眼配件、小心武器及無線電顯露、帶帽與眼鏡視情況變裝、約定信號、切忌接觸到跟蹤對象的眼神、被識破切忌回辦公室或回家、準備被識破時的藉口等。[23]

---

[21] 樵林《犯罪偵查》（臺北：保儒數位，二〇一〇年），頁二二三。

[22] 何明洲《犯罪偵查學》（桃園：中央警察大學出版社，二〇一二年），頁一五二。

[23] 鄭厚堃《犯罪偵查學》（桃園：中央警官學校出版社，一九八六年初版，二〇〇一年修正版），頁二九一——二九三。

（2）情報線索的公開蒐集

a. 調查訪問、低調出巡

【代表案例原文】

〈蔣常留嫗引凶〉

〔唐〕貞觀中，衛州板橋店主張迯妻歸寧。有衛州三衛楊正等三人投店宿，五更早發。夜有人取三衛刀殺迯，卻納鞘中，正等不知之。至曉，店人追，刀血狼藉，收禁拷掠，遂自誣服。上疑之，差御史蔣常復推。常至，追店人十五以上集，人數不足，因俱放散，獨留一嫗八十餘。晚令放出，密遣獄典覘之，曰：「有人共語，即取姓名。」果有一人問嫗：「使人作何推勘？」前後三日，並是此人。捕獲詰問，具服，云與迯妻殺迯，有實跡。

【承辦人員及案情簡介】

本案承辦人蔣常，為唐太宗時御史，餘生平不詳。唐衛州板橋店店主張迪遭人殺害，地方追兇追到曾投宿該店的三名軍士，他們配刀也發現斑斑血跡。唐太宗覺得此案有若干可疑之處，便指派蔣常前往調查。蔣常多次集合附近的居民，並故意留下一老嫗到深夜才釋放，最後逮捕多次於深夜中向老嫗刺探案情的真兇。鄭克按語：「……常獨留一嫗密覘問者為精審耳。」

【今日犯罪偵查視角】

蔣常到達衛州板橋店後，先召集命案現場遠近所有相關人等問過一遍，這屬實地調查訪問偵查的作法。蔣常集結兇殺案附近居民進行現場訪問調查，還可以看得出他應該已經有了推測兇手具地緣關係的想法，此屬於犯罪偵查理論中「地緣剖繪」的範疇。「地緣剖繪」指取得犯罪者可能的空間行為或犯罪相關地點的資訊，藉由連續犯罪的位置，來預測犯罪者可能的住處及下次可能犯罪的地點。

犯罪偵查中的調查訪問，最初形式主要是與現場勘查同時進行的現場訪問。承辦官員在接到報案後，便到現場進行勘驗，同時也要詢問事主和鄰居，以便瞭解案件的基本情況。早在《睡虎地秦簡・封診式》中便有這種活動的記載。譬如「賊死」一案中，主持現場勘查的「令史」就曾詢問當地的治安人員和附近的居民是否知道被害人死亡的時間，是否曾聽到過呼救的聲音。「經死」、「穴盜」等案中，也都有辦案人詢問有關當事人和證人的記載。雖然這些詢問的內容本身並無太大意義，但是在《封診式》這樣一部有關查封和勘驗程式的規範性案例彙編中詳細記述了這些內容，充分說明當時的執法者已經把現場訪問當作是辦案過程中的一項基本工作。

宋朝是中國歷史上犯罪偵查實踐發展較快的一個時期。當時出現了許多優秀的執法人員，除了《折獄龜鑑》所記載的優秀官員外，《洗冤集錄》的作者宋慈本身也是其中的佼佼者。宋慈也體認到辦案人員到達現場後，應事先詢問現場人員事件發生的粗略經過，然後再進行檢驗。《洗冤集錄》就提到：「幾到檢所，未要自向前，且於上風處坐定，略喚死人骨屬，或地主、竟主，審問事因了……始同人吏向前看驗。」（卷二）其次，宋慈肯定當時各地在辦案過程中專派一人擔任負責察訪之「體究」的作法：「近年諸路憲司行下，每於初、複檢官內，就差一員兼體究。幾體究者，必須先喚集鄰保，反復審問。」（卷三）這種「體究」人員的設置，已經與現代偵查工作中現場勘查與現場訪問的人員分工十分相似。

中國歷史上，有不少經查訪而公斷疑獄的案例。而且查訪的形式也多種多樣，既有派員走訪，也有親自調查；既有前文所討論的公開正面調查詢問，也有化裝的低調查訪。由於百姓或者擔心被罪犯報復，又或者感到捲入官司是一件麻煩事，當官員公告進行現場訪查時可能不願意全盤吐實。遇到公開訪問難以奏效時，則當採用低調查訪之法。

雖然對許多隱匿較深的懸案而言，全盤細節恐無人知曉，但是，透過這種公開、低調等調查手法，多少能獲得片段的真實資訊，再利用「拼圖理論」，也有可能突破案件盲點而偵破疑案。「拼圖理論」乃係指將偵查資料組合、重建、推論，以證明犯罪事實的一種方法。「拼圖理論」著重於將片段的偵查資料，結合偵查人員專業知識，進行組合、重建，並證明與犯罪相關的事實。「拼圖理論」的進行步驟為：確定所欲證明的犯罪事實；蒐集犯罪事實的所有資料；依據犯罪資料的類別進行分類；利用犯罪資料的屬性，如顏色、形狀、圖案、時間次序、先後順序、因果關係等，進行組合；評估、確認組合結果可證明的犯罪事實。㉔

b.公布案情、協尋通緝

【代表案例原文】

〈高湝以靴求賊〉

〔北齊〕任城王湝，領并州刺史。一婦人臨水浣衣，有騎馬人換其新靴馳去，婦人持故靴詣州訴。湝留靴，召居城諸嫗，以靴示之，紿曰：「有乘馬人於路被賊殺害，遺此靴。焉得無親戚乎？」一嫗拊膺哭曰：「兒昨著此靴向妻家。」如其語，捕獲之。一時稱明察。

【承辦人員及案情簡介】

本案承辦人任城王高湝，渤海郡蓨縣人，北齊政權奠基者高歡之第十子，曾名義上成為北齊皇帝。王湝任并州刺史時發生盜靴案，盜賊遺留了自己的舊靴，偷走了新靴。王湝利用

㉔ 侯友宜、廖有祿、李文章〈犯罪偵查理論之初探〉，《警學叢刊》四〇卷五期，二〇一〇年，頁一—二六。

公眾協尋，找到了舊靴的主人母親，因而尋線捉獲了盜賊。鄭克按語：

> 潛留故靴者，將以跡求之也；紿諸嫗者，兼以譎取之也。

【今日犯罪偵查視角】

公布協尋是偵查人員組織被害人或知情人對犯罪嫌疑人和物證、書證進行公開或祕密辨別、識認的一種偵查方法，目的在於確定被辨認對象中有無犯罪嫌疑人、誰是犯罪嫌疑人；被辨認的物品中有無犯罪證據、何為犯罪證據。㉕

公佈協尋，廣泛發動搜索的作法有二，一是公佈犯罪工具、重要證據，或嫌疑人形象，以供人指認。中國古代以畫影圖形之法發動民眾協助捉拿在逃要犯，最早見於春秋時期；據說楚平王為了捉拿在逃的伍子胥便採用此法，此法亦一直為後世所採用，成為發布通緝畫像作法的雛型。二是重金懸賞知情者出面檢舉。戰國時期的《韓非子．奸劫弒臣》裡就有檢舉獎金和隱匿處罰的相關規定：「商君說秦孝公以變法易俗而明公道，賞告奸。」商君勸說秦孝公改變舊法，移風易俗來彰明奉公的原則，獎賞告發奸邪的行為。而且這種「告奸」的賞

㉕ 黃道誠〈中國古代偵查方法及對現代偵查的啟示——以《折獄龜鑑》為視角〉，《河北師範大學學報》哲學社會科學版三一卷二期，二〇〇八年三月，頁五一—五五。

賜完全是一種「厚賞」。而公布協尋與連坐或鼓勵告發——線民／臥底的綜合使用，早在戰國時期便已可見到，除了《韓非子》，《史記・商君傳》也說：「不告奸者腰斬，告奸者與斬敵首同賞，匿奸者與降敵同罰。」

秦朝統一天下後，國家通緝措施，主要是官府鼓勵民眾在發現犯罪人後，積極告發、勇於緝捕，同時也給予優厚的獎勵。譬如《睡虎地秦簡・法律答問》載：「夫、妻、子十人共盜，當刑城旦，亡，今甲捕得其八人，問甲當購幾何？當購人二兩。」這樣的規定有力地推動了秦國全民告發犯罪、扭送犯罪人的積極性。但檢舉制度有時會被拿來做為陷害仇人或貪謀獎金的工具，所以秦代法律也規定對檢舉的弄虛作假給予處罰。據《睡虎地秦簡・秦律雜抄》記載：「捕紆律曰：『捕人相移以受爵者，耐。紆求紆勿令送逆為它，令送逆為它事者，貲二甲。』」㉖

由於人體識別技術的發展（詳下），到了唐代，通緝通報措施已經十分成熟。遇有逃犯時，官府便開具「海捕文書」，四處張掛榜文，上面除了寫有逃犯的姓名、年齡、籍貫和體貌特徵外，往往還配有逃犯的畫像，以便官民辨識和緝捕，猶如今日的通緝令。此一時期的《唐律疏議・捕亡律》是集戰國以來追捕逃亡者經驗之大成，其內容包括追捕者和罪犯看守

㉖ 李繪〈通緝制度略考〉，《犯罪研究》二〇一一年三期，頁四三。

者的法律責任以及對各類逃亡者的刑罰處罰。㉗隋唐以後對現場留有作案兇器、遺留物的案件，也組織民眾進行直接辨認，以物找人。如前文所引北齊高湝的以靴找人即是。㉘

宋代，通緝制度的規範化建設較前朝也有了更大進步。宋真宗繼位後詔告天下：「明揭賞典，募人糾告」，號召大家檢舉揭發犯罪。而且宋代懸賞的金額也較高，據《續資治通鑑長篇・景佑元年》記載：「詔天下有能告殺人者，賞錢五萬。」布告全國如有人能檢舉、告發殺人犯的，給予五萬錢獎賞。㉙《折獄龜鑑・楊告擒殺惡賊（田瑜一事附）》鄭克按語曾提及：「厚以金帛募人告捕，後數日，果於鄰郡獲賊」（卷五），也是運用「重金懸賞」犯罪偵查手段的縮影。

2. 識別嫌犯／治安顧慮人口的登錄管制

【代表案例原文】

〈尹翁歸暗設罪籍〉

〔漢〕尹翁歸，為東海太守。郡中吏民賢不肖，及奸邪罪名盡知之。縣縣各有記籍。自

㉗ 楊曉宜《唐代的捕亡制度》，臺北：臺灣師範大學歷史研究所碩士論文，二〇一一年六月。

㉘ 馬洪根〈古代中國偵查活動中的民眾意識〉，《江蘇警官學院學報》二四卷六期，二〇〇九年一一月，八四—八八。

㉙ 李繪〈通緝制度史略考〉，《犯罪研究》二〇一一年三期，頁四一—四七，七三。

聽其政，有急名則少緩之；吏民少解，輒披籍。縣縣收取黠吏豪民，案致其罪，高至於死。收取人必於秋冬課吏大會中，及出行縣，不以無事時。其有所取也，以一警百，吏民皆服，恐懼改行自新。

〈尹翁歸按籍勘賊〉

〔漢〕尹翁歸守右扶風，奸邪罪名，縣各有籍，盜賊發其比伍中，翁歸輒召其縣長吏，曉告以奸黠主名，教使用類推跡盜賊所過抵，類常如翁歸言，無有遺脫。

【承辦人員及案情簡介】

本案承辦人翁歸，字子兄，西漢河東平陽人。先後任緱氏令、都內令、弘農都尉、東海太守，後以高第守右扶風。任郡守時，以懲治黠吏豪滑為己任，所到豪民不敢犯禁，皆大治；尹翁歸為政任刑，從不以能力驕人，為官公正廉潔，清正自守，在公卿之間語不及私。死後家無餘財。尹翁歸不論任東海或是右扶風太守，每到一處，馬上記錄或是披閱當地不肖前科犯的資料。一但地方上發生案件，尹翁歸即依照簿冊縮小調查範圍，如此往往獲得很好的查緝成效。鄭克按語：

翁歸所以盡知吏民賢、不肖及奸邪罪名者，何也？……則用為耳目者，不獨相告訐之吏民也。

【今日犯罪偵查視角】

今日犯罪預防中，對人的預防有措施有：出獄人犯的監視（聽）與控制、流氓地痞慣竊及不良少年的調查與監視（聽）、運用義勇警察、獎勵民眾檢舉、普遍實施機會教育等。㉚尹翁歸採用犯罪防制中的對人措施，監管素行不良，無正當職業，或有犯罪前科，或有犯罪習慣的潛在犯罪人士。㉛所以他每任一處即對這些治安顧慮人口及窩處進行造冊列管；只要有人犯案，他能很快就知道嫌疑犯是誰，而且很快找到賊窩，逮捕到案。

如何知道誰是良民誰是前科犯並加以登記？古代中國，人們尚不具備準確地識別人體特徵的能力，只好借助於一些附加於人體的特徵，譬如姓名。在社會人口不多的情況下，依據姓名來查清被捕者的身分是一種可行的辦法。中國在秦朝時已經建立了戶籍管理制度。據《睡虎地秦簡・封診式》記載，當時在辦案中使用了一種調查前科的作法，即某地官府在捉到外地罪犯後，向某戶籍所在地發出通知，以便查清其前科情況；這種調查顯然是以姓名為

㉚ 呂金榮《犯罪偵查理論與實務》（臺北：三鋒出版社，一九八九年三版），頁一七九—一八二。
㉛ 羅傳賢《犯罪防制》（臺北：臺灣省警察學校，一九八四年四月），頁二三。

依據的。然而犯罪者很快就在實踐中學會了使用假名來隱瞞身分的作法，於是，人們只好去尋找其他可供識別的特徵。後來在刑罰中加入墨刑，即在罪犯身體的某些部位刺字並染成黑色。由於最初的刺字部位多為額面，所以又稱為黥刑。墨刑不僅具有侮辱人格、達到處罰、威嚇的作用，而且具有人身識別標記的作用，所以大約自南北朝開始，它便開始發揮對罪犯身分識別的功能。五代後晉首創刺配法，將流配罪犯附加黥面的作法正式化。爾後諸朝，均有沿用，直至清末。㉜

3. 取得情報線索後的推理

【代表案例原文】

〈程戡審情識奸〉

程戡宣徽，知處州。民有積為仇者，一日，諸子私謂其母曰：「今母老且病，恐不得更壽，請以母死報仇。」乃殺其母，置仇人之門，而訴於官。仇者不能自明，而戡疑之。僚屬皆言理無足疑，戡曰：「殺人而置其門，非可疑耶？」乃親劾治，具得本謀。

㉜ 何家弘〈偵查方法史考（二）〉，《公安大學學報》一九八九年一期，頁七七—八一。

【承辦人員及案情簡介】

本案承辦人程戡，字勝之，許州陽翟人，宋天禧年間進士，及第甲科，補涇州觀察推官，再任秘書丞，歷通判許昌、蘄、虔三州。後遭權臣陷害，流放虞州。累官尚書屯田員外郎，知歸州，回朝任侍御史、三司度支判官。程戡任處州知州時，一戶人家幾個兒子為了置仇人於死地，竟然殺死生母，移屍至仇人之門進行誣告。他們之所以採用這種激烈手段，乃因狡詐險惡的用心，因為自古報仇都是殺仇人，很少殺親人的道理；如果親人被殺，當係仇人所為——依情理似乎如此推敲即可矣。但程戡未受此假象迷惑，而是觀察其中不合事理的反常處。按事理，殺完人定要湮滅罪證，哪有自置死者屍體於門的道理？於是程戡小心審理，終於理清此一殺母陷人於罪的陰謀。鄭克按語：「辨誣者或以情理察之，程戡是也。」

【今日犯罪偵查視角】

查明案件事實不可以只看贓物罪證卻不察情理。鄭克在研究總結「五聽」察獄的基礎上，提出用「情理」與「事跡（理）」判斷案情是否合理的方法：「凡察獄者，或以氣貌，或以情理，或以事跡；此三者，皆足以知其冤否也。」

所謂「情理」，就是案情中值得推敲之處合不合正常人情與文化做法：「聽訟者，或從其情，或從其辭。」（卷二）「推事有兩：一察情，一據證，固當兼用之也。然證有難憑者，則不若察情，可以中其肺腑之隱；情有難見者，則不若據證，可以屈其口舌之爭。兩者迭用，各適所宜也。」（卷六）只要根據特定的社會環境條件和人們一般心理活動規律，對一些不合情理的案情和供詞進行分析，就會發現缺漏和異常，從而查明案件真實情況，查獲真正的犯人。㉝而「事跡（理）」，則是案情中值得推敲之處合不合當時社會、政治的背景。以事理尋求事實就是運用一般事理即事物本來所具有的屬性進行分析，揭露案件的疑點，為正確查明案件事實提供線索。㉞有事情必有事跡（理），查明案件事實也可以從事跡（理）來探求；以事跡（理）察盜，「是故折獄之術，亦有所取於此也。」（卷七）「古今雖殊，事理無異，適然相似。」（卷五）

比較起來，情理的變動性較小，而事跡（理）的變化較大，這是因為事情容易因為政治或制度而改變；執法人員必須很靈活地依照情理與事理，對案情進行把握和理解，找出蹊蹺處，進而戳破嫌疑人的謊言。

由古至今的犯罪偵查中，常利用推理尋找案件中不合情理、事跡（理）的地方。常見尋

㉝ 浦姝嫄〈《折獄龜鑑》與鄭克司法審判思想淺析〉，《法制與社會》二〇〇七年一二期，頁二一一—二一二。

㉞ 于成江〈論鄭克的「鞫情之術」及對現代偵查方法的啟示〉，《山西警官高等專科學校學報》一三卷四期，二〇〇五年一二月，頁四〇—四五。

求案情脈絡的推理方法有以下兩種㉟：

（1）用關聯法連結

關聯法是利用證據的關聯性，排除偽證，認定案件事實的方法。訴訟中的證據都有關聯性，證據都與案件事實和其他待證事之間存在著聯繫，因此，透過審查證據的關聯性，就可以發揮排除一部分偽證的作用。中國古代司法官員推理尋求案情脈絡，廣泛採用這一方法。如《折獄龜鑑・歐陽曄巧驗左撇》一案，案中歐陽曄就是採用了關聯法認定案件事實的。首先，桂陽縣民爭舟相毆死，由於不能確定兇手是誰，因而案子久懸不決。歐陽曄已驗過屍，被害人是傷右肋而死，這說明兇手是用左手殺人的。但嫌疑人中誰習慣用左手，歐陽曄採用把所有嫌疑人召集到庭院中用餐的方法，觀察他們的用手進食的習慣，最後在眾多嫌疑人中確定了那位用左手進食的嫌疑人與案件有關聯性，從而使案件事實得到了如實認定。這是中國古代社會利用關聯法排除偽證的實例。史書中有關這方面的記載是非常多的。

㉟ 趙小鎖〈中國封建社會訴訟證明原則——以情折獄原則之原理論〉，《東方論壇》二〇〇四年四期，頁一二四——一二七。

（2）用矛盾法排除

矛盾法就是利用事物之間的矛盾，排除偽證，確定證據相關性和客觀性的方法。矛盾法建立在各個證據、證據與證據之間以及和案件事實之間相互統一基礎之上的，只要這幾者之間達到了統一，所有的證據就都是真實的，如果出現了矛盾，出現了不統一的情況，那就是混進了偽證，或者錯收了一般沒有證據價值的證物，就要排除它們。中國古代司法官員推理尋求案情脈絡，也經常採用矛盾法認定案件事實。如《折獄龜鑑・黃霸抱兒辨母》一案。在這一爭兒案中，很明顯，裡面混有假證。如何排除假證，是解決該案件的關鍵。黃霸採用矛盾法認定了案件事實。舐犢之情人皆有之。在本案中，妯娌同時懷孕，但長嫂流產。為了得到家產繼承權，長嫂不惜假妊，並設計與弟妹同日生產，再奪其兒。黃霸設計了妯娌爭子的戲碼，就是為了觀察出誰不顧母子之情——狠心爭子與愛子之情的矛盾。果然被他看出長嫂的陰謀。矛盾法也是中國古代執法人員廣泛採用的邏輯推理法，史書裡面這樣的案例也是很多的。

4. 清查相關人等的人際關係

【代表案例原文】

〈柳慶問飲緝凶〉

〔後周〕柳慶，初仕後魏，為雍州別駕。有賈人持金二十斤，詣京師交易，寄人居止。每欲出行，常自執管鑰。無何，緘閉不異而並失之。謂是主人所竊。郡縣訊問，主人遂自誣服。慶聞而疑之，乃召問賈人曰：「卿鑰常置何處？」對曰：「常自帶之。」慶曰：「頗與人同宿乎？」曰：「無。」曰：「與同飲乎？」曰：「向者曾與一沙門再度酣宴，醉而晝寢。」慶曰：「主人特以痛自誣，非盜也。彼沙門乃真盜耳。」即遣吏逮捕沙門，乃懷金逃匿。後捕得，盡獲所失之金。

【承辦人員及案情簡介】

本案承辦人柳慶，字更興，北魏解人。天性抗直，無所回避，大統十三年，受封清河縣男爵，兼計部尚書右丞。再任大行臺右丞、撫軍將軍，西魏廢帝初年，又為民部尚書，北周孝閔帝時，賜姓宇文氏，進爵為公。柳慶任雍州別駕時，商人持金二十斤至京師行商卻遭竊。可保管箱未曾遭人破壞。客棧主人遭到拷打，遂自誣服。柳慶覺得可惜，於是召商人細問交友情況，得知其常與某沙門飲酒。即推知沙門竊鑰取金的真相。鄭克按語：

> 緘閉不異而失其金，則盜非遠，故疑主人。慶察其色、其辭、其情，而知主人誣服矣，故問其管鑰所在，同宿、同飲者誰。沙門無故與賈酣宴，不一而止，果何意哉？此必伺隙為盜也。醉而晝寢，彼乃得便，其金於是失之，沙門非盜而何？慶之明察，亦可稱矣。用以釋冤，尤為美也。

【今日犯罪偵查視角】

刑事案件的動機十分簡單，不是為情，就是為錢財、為憤怒。譬如有關他殺的命案，行兇動機不外乎情殺、財殺、仇殺。而這些犯案動機皆與不尋常的人際關係有關；因而清查人際關係，往往可以找到重要的破案線索。本案商人鉅金被盜，現場未遭破壞，看似密室爆竊案，結果承辦人柳慶清查與失主有所往來的人士，便找到了最有可能盜鑰取財的沙門。

今日犯罪偵查實務中，亦強調清查人際關係的重要性。臺灣《警察偵查犯罪手冊》提到實施偵查應循下列關係清查，以發掘線索：

其一、被害人關係——被害人身分、財產、親友、部屬、僱傭、感情、恩怨及其他案發前後之動態關係。

其二、犯罪行為人關係——從現場勘察瞭解犯罪嫌疑人之犯行，依犯罪方法、習慣、時間、使用工具，研判其職業、身分；再依調查訪問所得，判斷犯罪嫌疑人之衣著、體格、年齡、面貌及特徵等，著手清查犯罪嫌疑人。如犯罪嫌疑人係慣犯，通常可從紀錄資料中發現。

其三、財物關係——從被害人所損失之財物、犯罪嫌疑人所用之物及犯罪行為人所得之物，依其關係著手清查。

其四、場所關係——從犯罪嫌疑人可能出入、活動、藏匿等場所及贓物可能寄藏銷售場所著手清查。㊱

5. 以物證進行追跡

（1）以兇器追人

【代表案例原文】

〈劉崇龜換刀引兇〉

〔唐〕劉崇龜，鎮南海。有富商子泊船江岸，見一高門中有美姬，殊不避人。因戲語之

㊱ 內政部警政署刑事警察局《警察偵查犯罪手冊》（臺北：內政部警政署刑事警察局，二〇〇九年），頁一四—一五。

曰：「夜當詣宅矣。」亦無難色，啟扉待之。忽有盜入其室，姬即欣然往就。盜謂見擒，以刃剸之，逃去。富商子繼至，踐其血，洿而仆，聞脰血聲未已，覺有人臥於地，徑走至船，夜解維遁。其家蹤跡，訟於公府。遣人追捕，械繫考訊，具吐情實，唯不招殺人。崇龜視所遺刀，乃屠刀也，因下令曰：「某日大設，閤境屠者皆集毬場，以俟宰殺。」既而晚放散，令各留刀，翌日再至。乃命以殺人刀換下一口。明日，諸人各認本刀。一人不去，云非某刀。問是誰者？云某人刀。亟往捕之，則已竄矣。於是以他囚合死者為商人子，侵夜斃之。竄者聞而還，乃擒，寘於法。富商子坐夜入人家，杖背而已。

【承辦人員及案情簡介】

本案承辦人劉崇龜，字子長，滑州胙人，唐咸通六年進士。曾任起居舍人，禮部、兵部二員外。唐中和三年入朝為兵部郎中，拜給事中。唐昭宗大順年間遷左散騎常侍、集賢殿學士、判院士，改戶部侍郎，檢校戶部尚書。後出任廣州刺史、清海軍節度、嶺南東道觀察處置使等要職。劉崇龜鎮守南海時，遇一富商疑似殺姬逃亡，現場只留有一屠刀。劉崇龜認為只要找到屠刀主人即可知道兇手為誰。於是假意要擺大宴，招集附近所有屠夫，並將兇刀混入屠夫們攜來的刀子中。藉由其他屠夫的指認，得知兇刀主人，果然他就是兇手。鄭克按語：

凡欲釋冤，必須有術。換刀者，跡賊之術也；斃囚者，譎賊之術也。賊若不獲，冤何由釋？故仁術有在於是者，君子亦不可忽也。

【今日犯罪偵查視角】

劉崇龜認定誰是屠刀的主人，誰就與殺人案腳不了干係，其觀念與「四向連結理論」相符。㊲「四向連結理論」認為犯罪偵查就是將被害人、現場、物證和犯嫌做連結，連結愈多，案件偵破的可能性就愈高，如果可以完整連結，案件就可以偵破。四向連結理論的重心在於「被害人」、「物證」、「現場」、「犯嫌」四個面向的連結。該理論從刑事鑑識的觀點，以物證做為連結各個面向的方法，以解釋刑案的偵查過程。在嫌犯、被害者、現場之間，找到遺留的證物，則採集到的物證將具有相當的證據力。

今日偵查實務上，面對現場已取得的犯罪工具，也會注意其所傳達的客觀意涵，並據以擬定偵查計畫進行偵查——如嫌疑人使用何種兇器，乘坐何種車輛，使用何種工具等，此皆今日犯罪偵查中有關犯罪工具的研判重點。以兇刀來說，必須取與屍體刀傷相核，確認無誤，找出下落與兇刀主人；以車輛來說，應依車牌追查車輛下落；至於其他犯罪工具，應查

㊲（美）李昌鈺、提姆西、龐巴、瑪琍琳．米勒著、李俊億譯《犯罪現場：李昌鈺刑事鑑定指導手冊》，臺北：商周出版事業，二〇〇三年七月。

明其來源或所有者。㊳

（2）以贓物追人

【代表案例原文】

〈高湝購脯求盜〉

〔北齊〕彭城王湝，為滄州刺史。有一人從幽州來，驢馱鹿脯，至滄州界，腳痛行遲，偶會一人為伴，盜驢及脯去。明旦告州，湝乃令左右及府僚吏分市鹿脯，不限其價。其主見識之，推獲盜者。轉都督、定州刺史。時有人被盜黑牛，背上有白毛。長史韋道建謂中從事魏道勝曰：「使君在滄州，擒姦如神，若捉得此賊，定神也。」湝乃詐為上符市牛皮，倍酬價直。使牛主認之，因獲其盜。建等歎服。又有老母姓王，孤獨，種菜三畝，數被偷。乃令人密往書菜葉為字。明日，市中看菜葉有字，獲賊。爾後境內無盜，政化為當時第一。

【承辦人員及案情簡介】

本案承辦人高湝，北齊人，高歡第五子。高湝為滄州刺史時處理鹿脯失竊案，與在定州

㊳ 劉偉祥《犯罪偵查》（新北：千華數位文化，二〇一六年），頁四二四。

刺史任上處理黑牛失竊案，都是利用在市場上高價蒐購符合贓物條件的貨物，取得線索，方引盜現身。而在處理王老母失菜案時，特別在菜上做記號，再於市場上尋找賣有字菜葉的盜賊。以上這些偵查手段都是利用搜尋銷贓管道緝得盜賊的聰明方法。鄭克按語：

前二事皆有跡可求，而菜之跡頗難辨，故以書字驗之。若夫詐為上符買皮而倍酬其直，乃兼以譎取之者也。

【今日犯罪偵查視角】

從事盜竊、搶劫、詐騙等犯罪活動的分子，一旦贓物到手，一般都要想方設法盡快將贓物變賣，轉化為現金，以便於揮霍享用，此舉同時也能去除自己身邊的罪證。因此，控制銷贓是偵破盜竊、搶劫、詐騙等類案件時常採用的一種有效的偵查措施。偵查機關對有贓物可查的案件，應當迅速布置力量，嚴密控制犯罪分子可能銷贓的各種場所，往往能夠及時發現贓物，獲取罪證；有時還能當場捕獲罪犯，做到人贓俱獲。㊴高湫到市場上購買贓物，就是掌握到盜賊的銷贓管道。

㊴ 楊殿升等編著《刑事偵查學》（北京：北京大學出版社，一九九七年二月一版三刷），頁二七七。

今日犯罪偵查實務上，追查贓物去向管道，有幾個清查重點㊵：

其一、清查當舖——犯罪集團因靡爛成習，經常需錢揮霍甚急，鋌而走險犯罪，以竊、搶、劫、殺、擄勒、詐欺等不法手段攫取他人之財物，得逞後贓物多持往銷贓場所變賣花用；押當是最易脫手的銷贓方式，治安單位平時應加強查察，與當舖建立良好關係，取得破案先機。

其二、清查汽機車修理工廠——汽機車失竊案件中，罪犯得手後，多用作犯罪的交通工具以增加其犯罪的機動性，或送往不肖工廠廉售、肢解，或刻意改裝更換牌照後使用，故不肖修理工廠變相為銷贓或協助犯罪的工廠，因案至工廠查贓時，清查汽車機車，常能偵破龐大竊車集團，及因案所失贓物。

其三、清查銷贓的銀樓珠寶店——貴重贓物如金塊、金飾品、鑽戒、珍珠項鍊、寶石等，罪犯常持往銀樓珠寶店等廉價脫手，不肖業主貪圖其價格低廉，甘冒收贓風險，故應將因案報失的貴重物品製圖詳列，派員赴各該業場所清查或暗查，可能從之發現贓物而破案。

其四、調查古玩經營場所——因案所失的貴重古玩、藝術品、骨董等，亦有可能被罪犯

㊵ 一至四點詳蕭季慧《犯罪偵查與蒐集證據》（桃園：中央警官學校出版社，一九九三年），頁一二七—一二九。

廉銷於古玩經營場所，偵查該種案件，應熟知轄內的骨董古玩營業場所及人物，以利進行調查；對失竊古玩的鑑定技術，亦得有所求教、學習。

其五、控制其他黑市銷贓管道——黑市通常指各種地下交易、場外交易等地點。如飯館、茶館、旅館、影劇院、舞廳、車站、碼頭、偏避巷弄等場所。控制這些銷贓管道時，不僅要注意發現贓物，而且要注意發現形跡可疑的「旁觀者」和閒散人員，必要時可使用隱蔽力量（如與警方配合度高的店家等管道）控制銷贓。㊶

（3）以金流追查

【代表案例原文】

〈崔黯知詐搜孥〉

〔唐〕崔黯，鎮湖南。有惡少，自髡鉗為傭隸，依托佛教，幻惑愚俗，積財萬計。黯始下車，恐其事敗，乃持牒詣府，云：「某發願焚修三年，今已畢，請脫鉗歸俗。」黯問：「三年教化，所得幾何？」曰：「逐旋用，不記數。」又問：「費用幾何？」曰：「三千緡不啻。」黯曰：「費者有數，納者不記，豈無欺隱！」命搜其室，妻孥蓄積甚於俗人。既服

㊶ 王傳導主編《刑事偵查學》（北京：中國政法大學出版社，一九九八年一〇月二版三刷），頁一〇五。

矯妄，即以付法。

【承辦人員及案情簡介】

本案承辦人崔黯，字直卿，衛州人，唐大和二年進士第。開成初，為青州從事。入為監察御史，尋遷員外郎。會昌年間為諫議大夫。崔黯鎮守湖南時，惡少以佛教斂財，事跡敗露之前欲前往官府還俗。崔黯覺得其中並不單純，便調查佛寺用度，得到三年三千緡的支出金額，但主事者卻不敢交待三年來化緣的收入。崔黯覺得佛寺支出與收入不清不楚，顯見百姓捐納的金錢大部分不知去向，於是下令搜查，果然搜出了僧人聚斂的大量不義錢財。鄭克按語：

矯妄幻惑，乃妖民也。與假鬼神以疑眾、執左道以亂政者同矣，可不懲歟！

【今日犯罪偵查視角】

犯罪者若為財犯罪，勢必會隱匿其不法所得。如果能從嫌疑人及其相關人等的資金流向與來源不明錢財著手進行偵查，定能將相關人等一併查緝到案。

今日因金融業及其服務發達，犯罪偵查在進行資金流向調查前，需要索取之文件包含：

關係人銀行往來帳戶歸戶查詢、開戶身分基本資料、銀行開戶電腦建檔資料、帳戶往來交易明細表等，以進行比對資金轉出、轉入到何處或是到何人之戶頭。對資金之追查，則主要採以下方式：以錢追人↓以人追錢↓以錢追人↓以人追錢，以此類推，反覆追查，交叉運用，比對出結果後進行實地查核，再做交叉分析比對，重建金流交易的實況。㊷

6. 進行搜索檢查

【代表案例原文】

〈桑懌得衣問賊〉

桑懌崇班，嘗居汝、潁間。諸縣多盜，自請補耆長，往來察奸匪，因召里中惡少年戒之曰：「盜不可為，吾不汝容也。」有頃，里老父子死未斂，盜夜脫其衣去，父不敢告官。懌疑少年王生者為之，夜入其室，得其衣，而王生未之知也。明日，見而問之曰：「爾許我不為盜，今盜里老父子屍，非爾耶？」少年色動，即推仆地，縛之，詰共盜者姓名，盡送縣，皆按以法。

㊷ 陳宏兆〈淺談經濟犯罪偵查之技巧〉，《司法新聲》一〇〇期，二〇一一年一〇月，八四—九六。

【承辦人員及案情簡介】

本案承辦人桑懌，開封雍丘人，兩試不中，便到汝州、穎州遊歷。後歷任郟城尉、永安巡檢，與涇源路兵馬督監，駐紮於鎮戍軍。慶曆元年與任福等一同戰死好水川。桑懌駐守汝、穎之間時，當地多盜，桑澤找來有前科的惡少加以警告。不料仍發生竊案。桑懌即入惡少家室搜查，取得失物，以之質惡少，問得共犯後一併依法嚴辦。

【今日犯罪偵查視角】

搜索檢查簡稱搜查，是偵查人員對與案件有關的場所、人身、物品進行搜索檢查，以發覺犯罪證據或犯罪嫌疑人蹤跡的偵查方法。《折獄龜鑑》中談及搜查方法的案例共十幾個，其中，既有公開搜查又有祕密搜查；既有對人的搜查，又有對物的搜查，可謂種類齊全。㊸本案中，桑懌運用祕密搜查的方法起獲贓物，捕獲犯罪嫌疑人，並且「詰共盜者姓名，盡送縣，皆安以法。」

搜索檢查既要仔細又要全面，可以說與今日犯罪偵查理論中的「地毯理論」暗合。「地

㊸ 黃道誠〈中國古代偵查方法及對現代偵查的啟示——以《折獄龜鑑》為視角〉，《河北師範大學學報》哲學社會科學版三一卷二期，二〇〇八年三月，頁五一—五五。

毯理論」指：為取得案件所有資料，對「人、事、時、地、物、如何、為何」等七何項目，所作之全面、密集而澈底之偵查。「地毯理論」的重心在於不放棄任何線索、不採用重點偵查。唯為求不浪費資源人力，「地毯理論」之應用時機如下：刑案發生時、偵查膠著時、欲鎖定範圍時、追捕犯嫌時。「地毯理論」具有避免遺漏情資、拓展情資數量、立即逮捕犯嫌、完整偵查刑案等優點，但相對的也有消耗偵查資源、敷衍應付失效、進度緩慢延宕、資料真偽難斷、資料雜亂不易分析及無法排除涉嫌對象等缺點，所以應用時應權衡利弊得失，方能獲得最佳效果。㊹

7. 拘捕

「拘捕」為「拘提」和「逮捕」之合稱。今日偵查實務中的「拘提」是指在一定的短時間內拘束人的自由，強制其到達一定的處所接受訊問；其目的在於使被告或證人接受訊問，也有防止被告逃亡及避免湮滅、偽造、變造證據，或勾串共犯或證人，以保全證據。中國大陸《刑事訴訟法》第七十六條規定，若被告嫌疑重大，並且具有逕行拘提的決定事由，得不經傳喚直接逕行拘提。今日偵查實務中的「逮捕」則是指在一定的短時間內，以強制力解送

㊹ 侯友宜、廖有祿、李文章〈犯罪偵查理論之初探〉，《警學叢刊》四〇卷五期，二〇一〇年，頁一——二六。

現行犯或通緝犯到一定場所，目的是防止其逃亡。㊺臺灣《警察偵查犯罪規範．合法原則》指出警察人員有依法協助偵查犯罪、執行搜索、扣押、扣提及逮捕之職權。

《折獄龜鑑》所見有關拘捕的細節不多，較為特別的有以下兩種：

（1）掩捕

【代表案例原文】

〈張敞巧計擒盜（黃昌一事附）〉

〔後漢〕黃昌，為宛令。政尚嚴猛，好發奸伏。有盜其車蓋者，昌初無所言，後乃密遣親客，至門下賊曹家掩取得之。悉收其家，一時殺戮。大姓戰懼，皆稱神明。

【承辦人員及案情簡介】

本案承辦人黃昌，字聖真，東漢余姚大黃橋人。黃昌出身低微，因家近學宮，心慕儒生，遂從經學；又懂文法，先後出仕決曹、宛令、蜀郡太守、陳國相等職，精明能幹，執法嚴厲，斷理積案，搜捕盜首，深得百姓信服。黃昌任宛令時，車蓋被盜。黃昌按兵不動，私

㊺ 林茂雄、林燦璋《警察百科全書（七）》（臺北：正中書局，二〇〇〇年），頁七五。

下調查，並偷偷調度手下包圍賊人家，滴水不漏，一舉成擒。鄭克按語：

昌初無所言，猶兵法：「初如處女，敵人開戶」也；掩取得之，猶兵法：「後如脫兔，敵不及拒」也。此其所以勝奸之術也。夫一車蓋，亦何所直？嘗試縣令，人必非遠。察其情狀，猶涉疑似；驗其物色，遂見端的。於是掩取，理無不得也。昌發姦伏，可謂有術。

【今日犯罪偵查視角】

鄭克按語道出了黃昌所使用的掩捕，靈感來源是兵法，而採取的作法，一是調度時要保守祕密（靜如處女），二是下手時要迅速及時（動如脫兔）。㊻掩捕是在犯罪嫌疑人毫無防備的情況進行的捉捕，使用掩捕既能減少犯罪偵查人員曝露在危險下的機會，又容易將犯罪嫌疑人一舉成擒。這種搜捕方式可視作是「偵查不公開」的延伸應用；而其動手要求迅速，說掩捕結合了速捕㊼也是可以的。

㊻ 黃道誠〈中國古代偵查方法及對現代偵查的啟示——以《折獄龜鑑》為視角〉，《河北師範大學學報》哲學社會科學版三一卷二期，二〇〇八年三月，頁五一—五五。

㊼ 鄒濬智編著、蕭銘慶審訂《你也能當包青天——中國古代犯罪偵查實務與理論》（臺北：秀威資訊，二〇一四年一〇月），頁二二五—二二八提到打擊犯罪的契機稍縱即逝，當時機成熟，為免遭遇激烈反抗或旁生枝節，必須速速動手逮捕

（2）區域聯合追緝

【代表案例原文】

〈宋世良覈實釋囚〉

〔後魏〕宋世良為清河太守時，陽平郡移掩劫盜三十餘人。世良訊其情狀，唯送十二人，餘皆放之。陽平太守怒曰：「輒放吾賊！」及推問，送者皆實，放者皆非，始歎服焉。

【承辦人員及案情簡介】

本案承辦人宋世良，字元友，南北朝北魏廣平人。拜清河太守，郡東南有曲堤，為盜之賊窩。世良施新制，盜奔他境。值大赦，清河郡無一囚可赦。調職令到，全城居民阻道，莫不攀轅涕泣。終卒於東郡太守。宋世良任清河太守時，接到陽平郡要求逮捕移送三十餘人的公文，他完全可以按名冊辦理，不用承擔任何法律責任，但是宋世良並沒有這樣做，反而認真仔細地查明事實真相，只送去十二人；這樣做不僅自找麻煩，而且弄得不好還會承擔因此而帶來的後續麻煩，儘管如此，宋世良還是這樣做了。沒想到陽平太守弄清原委後由憤怒轉

嫌犯，此即為「逮捕」。

而佩服。鄭克按語：

他郡移掩劫盜，雖或誣引，咎不在我。據名縛送，斯亦可矣。世良乃複訊其情狀，實者送之，非者放之，是哀矜審謹之至也。

【今日犯罪偵查視角】

中國在三國時期開始即出現推行偵查的區域聯合偵防制度。從本案記載至少可以看出兩點：一是後魏時期偵查破案的相互協作機制，當甲地列具盜賊名單，要求乙地配合拘捕移送時，乙地應當予以辦理，到宋朝仍然如此。㊽二是古代良吏在辦案過程中實事求是、認真負責，不管在何地、也不管何人辦案，只要目的是還原事實以本來面目，同僚雖然埋怨，但也終究將給予肯定。這種放下一切，尊重客觀事實，從查清案情原貌出發的執法態度，值得今人效法。

㊽ 李繪〈通緝制度史略考〉，《犯罪研究》二〇一一年三期，頁四一—四七，七三。

8. 指證

（1）以人指證

【代表案例原文】

〈韓億召醫證奸〉

韓億參政知洋州時，土豪李甲者，兄死，迫嫁其嫂，因誣其子為他姓，以專其貲。嫂歷訴於官，甲輒賂吏使掠服之。積十餘年，其訴不已。億視舊牘，未嘗引乳醫為證。一日，盡召其黨，以乳醫示之，眾無以為辭，冤遂辨。

【承辦人員及案情簡介】

本案承辦人韓億，字宗魏，開封雍丘人。宋真宗咸平五年進士，宰相王旦納為婿，以善斷疑案著稱。歷任大理寺丞、參知政事等職，宋仁宗時累官尚書左丞。韓億任洋州知州時，當地土豪李甲在兄死後為迫使嫂子改嫁以侵佔其財產，誣陷嫂子的兒子為他姓所生，官司打了十餘年都沒有斷案。韓億查閱舊案卷，發現從未找乳醫作證。傳召乳醫證實兒子為大嫂所生後，嫂子的冤枉終於大白。鄭克按語：

情有難見者，則不若據證，可以屈其口舌之爭。兩者迭用，各適所宜也。彼誣其子為他姓者，所引之證，想亦非一，獨未嘗引乳醫，則其情可見矣。故盡召其黨，以乳醫示之，既有以中其肺腑之隱，又有以屈其口舌之爭，則眾無以為辭，而冤遂辨，不亦宜乎！

【今日犯罪偵查視角】

相較於當事人為了迴避法律責任，供詞可能避重就輕，證人證言就要比當事人的陳述更具客觀性——證人證言若非與當事人有特別關係，一般都較能客觀準確地描述實情。㊾前文提及的「桌腳理論」第三隻腳也提及犯罪偵查需要人證，所以執法人員必須學會如何與社會各界合作，從被害者家屬、犯嫌、線民、媒體中得到線索，判斷其真偽，藉以尋找到人證，獲取有效證詞。

㊾ 歐陽雪〈《折獄龜鑑》中的司法方法研究〉，《法制與社會》二〇一四年一一期，頁一九—二一、二三。

（2）以動物指證

【代表案例原文】

〈張鷟縱驢求賊〉

〔唐〕張鷟為河陽尉，有客驢韁斷，並鞍失之三日，訪不獲，詣縣告。鷟推窮甚急，乃夜放驢出而藏其鞍，鷟曰：「此可知也。」遂令不秣飼驢，去轡放之，驢尋向昨夜餵處，乃搜索其家，於草積下得之。人服其智。

【承辦人員及案情簡介】

本案承辦人張鷟生平詳前。張鷟任河陽尉時，有人失驢，由於張鷟追索甚急，於是盜者偷放驢出來回本家，卻仍將鞍藏住。張鷟知道驢有認路本能，便不餵驢子，再將之放走。驢遂自覓昨日盜者處尋食。張鷟命人跟跡在後，即得知盜者藏身之處，尋回失鞍。鄭克按語：

管仲之相齊侯也，伐山戎還，而迷失道。仲令解縱老馬，軍隨以行，乃得之。鷟蓋採用此術也。夫故道有跡可求，而人莫能識，彼皆識故道者，則宜假以求之矣。是亦君子善假於物之義也。

【今日犯罪偵查視角】

有時證人受到威脅利誘，又或者案發時間久遠，記憶不復可靠，證詞的可信度就要打折扣；反之，動物的本能因為是反射性的，較難以影響撼動。利用動物的本能反射，如認路的空間感，或具群居性、所以認得飼主與所屬族群的能力，可以在贓物為動物的情況下，清楚辨別誰是飼主、誰是盜賊。

五、《折獄龜鑑》所記載實施嫌犯偵訊時所採取的幾種詭術或技巧

偵訊，係指對犯罪嫌疑人或被告或告訴人、告發人、證人等之訊問，要求上列當事人或關係人，將其所經驗或知覺之犯罪行為有所陳述，期能在陳述中獲得情報，進而蒐集證據，然後查證虛實，分別主從，並依法製作筆錄或予以錄音、錄影後，循法定程序移送偵查或起訴判決之謂。①易言之，犯罪偵查中的偵訊就是利用對話進行調查，取得言詞證據，使犯罪暴露，從而釋冤、辨誣、懲惡揚善的過程。

犯罪包括「奸」（奸偽）與「慝」（邪惡）兩種情形。慝、奸雖有不同，但往往是同一個犯罪事實的兩面，所以偵訊要講究方法。鄭克多次在《折獄龜鑑》中指出：「凡欲釋冤，必須有術。」（卷一）究竟怎樣才能識破奸慝呢？鄭克總結道：「夫察奸者，或專以其色察

① 鄭厚堃《犯罪偵查學》（桃園：中央警官學校出版社，一九八六年初版），頁三三八—三三九。

之，或兼以其言察之。其色非常，其言有異，必奸詐也。……見其有異，見其非常，然後案之，未有不得其情者。」（卷五）大部分的情況下，行兇之人，因為沒有經驗，緊張之下容易神色大變；簡單的盤問，就可以找到供詞的破綻。

一般人以為偵訊是偵查之後的行為，這個觀念並不完全準確。偵查與偵訊有時是交錯進行的。執法人員既可以由偵訊發現新的線索，開啟新的偵查方向，也可以從偵訊結果決定偵查取得的人證物證價值。此外，偵訊也能辨明主犯從犯及其責任輕重；由偵訊確定犯罪事實，並洗刷嫌疑人之清白。②不過，為使本書的討論不至太過繁雜，以下主要就《折獄龜鑑》中對犯罪嫌疑人的偵訊為討論對象。

（一）兩宋及以前犯罪偵訊的發展與鄭克的「情跡論」

中國偵查策略思想源遠流長，極為豐富，幾乎涉及到偵查活動的各個方面，並與古代糾問式訴訟制度和偵審合一的辦案體制相適應，其中的審訊策略尤為悠遠而發達。受古代政治軍事領域中的豐富的軍事策略思想的影響，中國古代的祕密偵查策略方法在偵訊策略體系中

② 徐遠齡〈偵訊對於偵查之重要性〉，《警學叢刊》九卷二期，一九七八年，頁二—三。

佔有非常重要的地位。另外，中國勘驗鑑識技術和制度在進入近代之前，始終在世界居領先地位，因而與勘驗鑑識制度相關聯的調查和審訊策略方法也得到了一定程度的發展。

早在原始制度以及奴隸制存在的時期，偵訊就開始以某種形式存在，只是由於古人認知能力有限，加之原始議事制度殘存的影響，在訊問的策略方法上帶有濃厚的宗教色彩和公眾議事性質。像夏朝的法律要求降賞賜於祖廟前，刑戮於社③；而商朝在審案斷獄時，如果遇「疑獄」，應與眾人討論，若眾人有疑，則赦之——將訊問和公眾意志相結合。到了西周，訊問中當事人所進行的發誓詛咒也被視為證據，成了定奪案件的依託。由此可見，最初的偵訊尚是一種較為原始的司法行為。

隨著古人認識能力的提高和司法辦案經驗的積累，西周時期形成了中國古代訊問方法發展史上的第一個高峰，出現了「以五聲聽獄訟，求民情：一曰辭聽，二曰色聽，三曰氣聽，四曰耳聽，五曰目聽」（《周禮・秋官・司寇》）的審案策略。「五聽」方法的實質就是主張用察言觀色的方法來評斷被訊問人口供的真偽，它使得偵訊進入實質鬥智的階段，同時，原始的心理學知識在司法領域中的首次得到運用。利用「五聽」手段，較之以前，更能有效

③ 社為先民進行土地崇拜之處，詳鄒濬智〈先秦土地信仰演變芻論〉，《明志學報》四〇卷二期，二〇〇九年一月，頁一一九。

獲得案件初情。④而同一時期，據《尚書・康誥》的記載，對於犯罪嫌疑人的供述，審訊人員要「服念五、六日至旬時」，方能定案，這種對偵訊所得供詞認真思索和評斷的做法，說明古人對偵訊的重視和對偵訊所得口供內容的謹慎。

春秋時期，法律已明確規定了訊問成敗的標準（例如濫用刑訊以取供是最差的審訊法）。到了秦朝，已經形成了以下的訊問程式方法：訊問人員在審理案件時，必須先讓被訊問人充分供述，聽完其供詞並作好記錄。雖然明知被訊問人的供詞中有矛盾，但訊問人員也不要立即對矛盾之處進行詰問。待被訊問人供述完畢後，才能夠對供詞中需要詰問的地方發問；做好筆錄後，對其不能自圓其說的地方再提問。這是現代訊問中利用矛盾、反復訊問策略的發端。

漢代以後，人們又總結了輾轉推問、側面迂回，以便查明案情的「鉤距」之法。《漢書・趙廣漢傳》載趙廣漢：

> 尤善為鉤距，以得事情。鉤距者，設欲知馬賈（價），則先問狗，已問羊，又問牛，然後及馬，參伍其賈（價），以類相推，則知馬之貴賤，不先實矣。

④ 于成江〈論鄭克的「鞫情之術」及對現代偵查方法的啟示〉，《山西警官高等專科學校學報》一三卷四期，二〇〇五年一二月，頁四〇—四五。

而這也正是現代偵訊中廣為運用的側面迂回訊問法。

古代中國，在一種直覺思維方法模式下，無論是證據的獲取還是證據的運用都是以感覺經驗作為基礎的。從思想而言，大多數證據思想歷時兩千多年不變，一代代的士大夫總是從歷史來論證自身的合理性，比如前引「以五聲聽獄訟，求民情」，還有「罪從供定，犯供最關緊要」（〔清〕汪輝祖《佐治藥言》）等思想浸淫在中國古代各個時代司法官吏的腦海中。⑤因此宋代的鄭克繼承西周以來的「五聲聽獄」，並在此基礎上提出審訊斷案的「情跡論」。

鄭克在偵訊方面所提出的「情跡論」，「情」指的是案情真相，「跡」則是指痕跡和其他物證。該方法的具體內涵為⑥：

第一、重視「察獄」的方法：「奸人之匿情而作偽者，或聽其聲而知之，或視其色而知之，或詰其辭而知之，或訊其事而知之。蓋以此四者得其情矣，故奸偽之人莫能欺也。」（卷五）

第二、反對酷刑拷打：「案鞫情之術，有正有譎，正以核之，譎以擿之，術苟精焉，情

⑤ 鄭牧民〈論析中國傳統證據文化的哲學基礎〉，《社會科學家》二〇一〇年五期，頁九—一二。

⑥ 劉秋蓮、任惠華〈論我國偵查策略的理論來源〉，《鐵道部鄭州公安管理幹部學院學報》二〇〇〇年三期，頁一四—一八，二五。

必得矣，恃拷掠者乃無術也。」「察其疑辭，已見其本情……於是曲折詰問，攻其所抵，中其所隱，辭窮情得，勢自屈服，斯不待於掠治也。」（以上見卷三）

第三、口供與物證互相印證，各適所宜：「案推事有兩：一察情，一據證，固當兼用之也。然證有難憑者，則不若察情可以中其肺腑之隱；情有難見者，則不若據證可以屈口舌之爭。兩者迭用，各適所宜也。」（卷六）「凡察獄者，或以氣貌，或以情理，或以事跡。此三者皆足以知其冤否也。……夫事跡有時偶合，不可專用，當兼察其情理、氣貌。」（卷二）

「情跡論」是對「五聽」法的進一步充實和發揮，加人了「情理」、「事跡（理）」等因素，並主張口供與物證各有適合應用與取信的地方，不可片面強調任何一種證據的法律效用。鄭克的「情跡論」具有很高的實踐性與實用價值。

（二）《折獄龜鑑》所見犯罪偵訊的詭術或技巧

《折獄龜鑑》所揭示的偵訊方法主要有兩個途徑，即「以跡求之」，用罪犯留下的線索加以追問；「以譎取之」，用詐術誑出罪犯的下落。⑦細分之，書中提出的偵訊手段有：

⑦張全民〈鄭克法律思想初探〉，《法制與社會發展》二〇〇四年六期，頁四一—五四。

1. 察言觀色——最原始的測謊

【代表案例原文】

〈辛祥觀色釋冤〉

〔後魏〕辛祥，為并州平北府司馬。有白壁還兵藥道顯，被誣為賊，官屬成疑之。祥曰：「道顯面有悲色。察獄以色，其此之謂乎！」苦執申之。月餘，別獲真賊。祥終於安定王燮征虜府長史。

【承辦人員及案情簡介】

本案承辦人辛祥字萬福，陝西狄道人，南北朝北魏舉司州秀才，再遷司空主簿。後除郢州龍驤府長史，帶義陽太守。本案被告藥道顯被誣為賊，但辛祥認為他臉色並不像真賊那般心虛，反而有被誣賴的難過。因而特別為他伸冤，果然沒多久在別處捉到盜賊。鄭克按語：

蓋察獄之術有三：曰色，曰辭，曰情。此其以色察之者也。若辭與情頗有冤枉，而跡其狀稍涉疑似，豈可遽以為實哉？苦執申之，理亦應爾。

【今日犯罪偵查視角】

西周時期，《周禮・秋官・司寇》的「五聽」為鄭克《折獄龜鑑》繼承並發展。除了在本案，鄭克按語提到察獄要觀察色、辭（聲）、情、事之外，在《折獄龜鑑》所記〔三國・魏〕胡質任頓邱縣令所承辦一案時，百姓郭政和堂妹通姦，殺害了她的丈夫。郭政和他的堂妹都禁住了拷打，隱瞞抵賴；反倒是郡吏馮諒屈打成招，按反坐處罪。胡質「察其情色，更詳其事」，最後郭政和堂妹都承認了罪行。鄭克分析此案時也再次指出：「鞫情之術，或先以其色察之，或先以其辭察之，非負冤被誣審矣，乃檢事驗物而曲折訊之，未有不得其情者也。」（卷三）

而《折獄龜鑑》所記孫長卿承辦一案中，孫長卿察言觀色，準確分析出控告弟弟遇害的人正是兇手。⑧鄭克更在按語裡清楚說明了如何將「五聽」應用到觀察情、辭（聲）、色、事四方面上頭：「奸人之匿情而作偽者，或聽其聲而知之，或視其色而知之，或詰其辭而知之，或訊其事而知之，蓋以此四者得其情矣。」（卷五）

鄭克所使用的五聽與四觀，其實就是透過觀察被訊問人的口語、肢體語言來識別所供內

⑧ 浦妹娘〈《折獄龜鑑》與鄭克司法審判思想淺析〉，《法制與社會》二〇〇七年一二期，頁二一一—二一二。

容的真偽。《晉書・刑法》記晉朝張斐云：

> 心感則情動於中，而形於言暢於四肢，發於事業。故奸人愧而面赤，內飾而色奪……仰手似乞，俯手似奪，捧手似謝，擬手似訴，拱臂似自首，攘臂似格鬥，矜莊似威，怡悅似福，喜怒憂懼，貌在聲色。奸真猛弱，候在視息。

人的行為不僅能反映其身分、職業、成長條件、個人品德，還能反映其特定的心理活動。當一個被訊問人被帶到公堂之上時，承辦人員用嚴肅的目光掃視其神態和穿著，用第一印象初步判斷這個人是罪犯還是無辜；這麼做並非毫無道理。因為心理決定行為、行為是心理的外在表現。如果人真的曾犯罪，雖然為維護自己免於法律上的追責，會盡量的壓抑，堅不吐實，但潛意識中所存在的恐懼與罪惡感卻不斷的暗中支配其意識與行為。所以罪犯於犯罪後，常會做出反常的言行舉止，這些都是潛意識出賣他們自己的地方。因而只要仔細觀察嫌疑犯的外在表現，即可初步研判其有無犯罪。

古人辦案，依此道理，透過分析、觀察被訊問人的眼神、表情、語言、動作，便能瞭解其真實的犯罪心理，多少識別出真假，推斷案情的是非曲直。即如鄭克所言：「兇殘之人，氣貌當異」（卷六），「其色非常，其言有異，必奸詐也。」（卷一）犯罪者身上總有一股肅殺之氣，有恐懼、驚慌、疑慮等難以掩飾的變態心情；倘若未犯罪的無辜者，心地坦然，即使遭受意外災禍而神情緊張，眉眼中也會透露出一種善良的氣質和純淨的心態。所以察顏觀色，窺伺內心，不失為斷案的一種輔助手段。⑨

今日偵訊實務上針對被訊問人、嫌疑人進行察言觀色，操作上要更為細緻，具體觀察重點有⑩：

第一部分、近身觀察

其一、臉色變化——面紅耳赤表示羞恥、憤怒與焦慮。面容蒼白，表示恐懼。

其二、手部動作——捏手，扭結手帕或亂摸物體等，表示情緒緊張、不安；摩拳擦掌表示憤怒。

其三、肘部動作——雙肘垂直，表示心情坦然；緊抱雙肘，而且時時變換位置，表示心情恍惚、焦急、緊張。

其四、生理徵象——口乾舌燥，不停吞嚥口水，時時以舔唇，表示情緒緊張。或脈博心跳增加，表示緊張，這可間接觀察，如頸部動脈突出，或呼吸急促失調。手上、額上冒冷汗，皮膚發白，表示恐懼、緊張。

---

⑨ 呂向文〈我國古代辦案方法初探〉，《湖南公安高等專科學校學報》二〇卷三期，二〇〇八年六月，頁一一三—一一五。
⑩ 林漢堂〈精神分析偵訊法之研究〉，《警學叢刊》二二卷四期，一九九二年六月，頁六二—七三。

其五、其他小動作——目光迴避、呆滯無神，或言語嚅嚅支吾、音調低弱、坐立不安、搔手弄髮、咬指甲、雙腿一再交叉或變換位置等。

第二部分、日常生活觀察

其一、突然少出門，一切活動均改在夜間者。

其二、藉外表之改變以掩飾其內心之驚恐者，如突然留鬚，蓄髮等。

其三、素善交際、交遊廣闊，忽然深居簡出；或經常話多，忽然沉默不言。

其四、對案件之發生或偵辦進度特別表示關心。

被訊問人除了言語供答外，回答時有意無意變化或表露出來的臉色、嘴部動作、聲音、呼吸、動作、態度、姿勢等，皆為無聲的供述。若將外表與供詞比較觀察綜合分析，便可做出更準確的判斷。因此，察言觀色法也常與一問一答法搭配使用——先令被訊問自由供訴，再一問一答，不容有猶豫的機會，嫌犯必須迅速的供答，再看其態度與臉色變化，做為判斷被偵訊者供述真偽的關鍵。⑪

⑪ 周桐明〈偵查之科學觀與科學偵訊術的探討〉，《警學叢刊》九卷二期，一九八七年，頁二一一—二一七。

2.兵者詭道——欺騙與虛張聲勢

【代表案例原文】

〈李崇設謀引實〉

〔後魏〕李崇，為河東太守。有定州流人解慶賓兄弟，坐事俱徙揚州。弟思安背役亡歸。慶賓懼後役追責，規絕名貫，乃認城外死屍，詐稱其弟為人所殺，迎歸殯葬。頗類思安，見者莫辨。又有女巫楊氏，自云見鬼，說思安被害之苦，饑渴之意。慶賓又誣同軍兵蘇顯甫、李蓋等所殺，詣州訟之。二人不勝楚毒，各自款引。獄將決竟，崇疑而停之。密遣二人非州內所識者，偽從外來，詣慶賓告曰：「僕住在北州，去此三百。比有一人見過寄宿，夜中共語，疑其有異，便即詰問，跡其由緒。乃云是流兵背役逃走，姓解字思安。時欲送官，苦見求及，稱：有兄慶賓，今住揚州相國城內，嫂姓徐。君脫矜湣，為往報告，見申委曲，家兄聞之，必重相報。所有資財，當不愛惜。今但見質，若往不獲，送官何晚？是故相造，指申此意。君欲見顧幾何？當放賢弟。若其不信，可見隨看之。」慶賓悵然失色，求其少停，當備財物。此人具以告崇，崇攝慶賓問曰：「爾弟逃亡，何故妄認他屍？」慶賓伏引。更問蓋等，乃云自誣。數日之間，思安亦為人縛送。崇召女巫視之，鞭笞一百。崇斷獄精審，皆此類也。

【承辦人員及案情簡介】

本案承辦人李崇，字繼長，小字繼伯，黎陽郡頓丘人，南朝宋濟陰太守李方叔之孫，公爵李誕之子，文成元皇后李氏之侄。初拜主文中散，襲爵陳留郡公，拜鎮西大將軍，歷經高祖孝文帝、世宗宣武帝、肅宗孝明帝三朝，堪稱一代名臣。李崇任河東太守時，解氏兄弟遭流放，弟解思安忍不住苦楚而逃亡。兄解慶賓擔心被發現，假認城外死屍，並誣指一同被發配的蘇、李二人殺其弟。二人禁不住拷打而誣服，但李崇發現案情不單純，於是派人偽從外地而來，向解慶賓通報其弟在他們手上，要他準備贖金。沒想到解慶賓果然籌措贖金，此舉可見解思安還活著。於是李崇據以質疑，解慶賓就招了。鄭克按語：

此亦察其面之色、款之辭、事之情，而疑其誣服者也。但用譎鉤慝，以驗誣告，為異耳。然所以給而驗之者，欲釋誣服之冤也，故列於此焉。

【今日犯罪偵查視角】

有些疑犯非常狡猾，又或者案情太過隱蔽，一時找不到人證、物證，按照通常的斷案方式，難以奏效。聰明的官吏便以巧妙計謀突破嫌疑人的層層防線，制服他們。⑫有經驗的執法者常說「法庭如戰場」。執法人員如能在審訊過程中，活學活用「兵法」，取其精華，用其韜略，對相關工作有很大幫助。⑬

《折獄龜鑑》反對嚴刑拷打、逼人就範，強調訊問時要採用各種策略方法，所以鄭克對歷代執法者折獄經驗進行總結，除了強調口供和物證相互關聯、相互印證的原則，更提出了靈感來自兵法的「鞫情之術」⑭：「鞫情之術，有正有譎，正以核之，譎以擿之。」（卷三）「正」是指用常規的方法認識案件，用證據（特別是物證）證明案件事實，用正規的方法審查核實案情或驗證證據的真偽等。「譎」則指用非常規的方法探求隱匿，出奇制勝。而且「正不廢譎，功乃可成；譎不失正，道乃可行」（卷七），二者相輔相成⑮，即如兵法中的正兵與奇兵。

「譎」的方式多樣，像本案中，李崇先用「正」——透過觀察囚犯解慶賓的表現，分析他的供詞，核查情節等常規方法發現了案件的疑點，然後，再用採用「譎」——以化裝偵查

---

⑫ 呂向文〈我國古代辦案方法初探〉，《湖南公安高等專科學校學報》二〇卷三期，二〇〇八年六月，頁一一三—一一五。
⑬ 駱飛〈略論庭審中「兵法」的運用〉，《檢察實踐》二〇〇一年三期，頁一六—一七。
⑭ 于成江〈論鄭克的「鞫情之術」及對現代偵查方法的啟示〉，《山西警官高等專科學校學報》一三卷四期，二〇〇五年一二月，頁四〇—四五。
⑮ 莊琳〈鄭克《折獄龜鑑》刑偵的「鞫情」理念〉，《今日科苑》，二〇一〇年一二期，頁一七五—一七六。

的方法，探明了解思安的下落，使錯案得以糾正。從現代偵訊方法的研究來看，鄭克提出的「鞫情之術」，給今人在建立偵查方法科學體系方面提供很積極的啟示。

3. 攻子矛盾──供詞的漏洞／偵查語言學

【代表案例原文】

〈程顥校年核奸〉

程顥察院知澤州晉城縣時，有富民張氏子，其父死未幾，晨起有老父在門，曰：「我汝父也，來就汝居。」具陳其由。張氏子驚疑莫測，相與詣縣，請辯之。老父曰：「業醫，遠出治疾，妻生子，貧不能養，以與張氏。某年月日某人抱去，某人見之。」顥謂：「歲月久矣，爾何說之詳也？」老父曰：「某歸而知之，書於藥法冊後。」因懷中取冊以進，其記曰：「某年月日，某人抱兒與張三翁。」顥問張氏子：「爾年幾何？」曰：「三十六。」「爾父在年幾何？」曰：「七十六。」謂老父曰：「是子之生，其父年四十，人已謂之『三翁』乎？」老父驚駭服罪。

【承辦人員及案情簡介】

本案承辦人程顥，字伯淳，號明道，洛城伊川人，世稱明道先生，與其弟程頤，皆理學大師，世稱「二程」。宋嘉祐二年進士，歷官鄠縣主簿、上元縣主簿、澤州晉城令、太子中允、監察御史、監汝州酒稅、鎮寧軍節度判官、宗寧寺丞等職。身後追封「豫國公」，配祀孔廟。程顥在晉城當知縣時，富家張父死，子繼承豐厚的家業。沒多久，有一老郎中聲稱為張子生父，因早時家境不好，所以出養張子。此事真偽難辨，只有郎中藥冊中記載某年某日抱子予張三翁這條薄弱的證據。但程顥於推算藥冊記載的時間，當下張父才四十歲，藥冊書載時斷不必稱翁，因而識破了郎中半路認子的詭計。鄭克按語：

> 凡為巧詐，必有缺漏，推核已至，奸欺自露。如檢戶籍以視孤女所冒之非，校年齒以驗老父所記之妄，皆此術也。唯盡心者，則能之耳。

【今日犯罪偵查視角】

利用供詞的矛盾與漏洞破案或戳破供訴者的謊言，古已有之。除了鄭克《折獄龜鑑》，早前的五代和凝父子《疑獄集》與後來的宋代桂萬榮《棠陰比事》、明代馮夢龍《智囊全集》、清代胡文炳《折獄龜鑑補》等都記載有相關案例。⑯

---

⑯ 崔軍民〈偵查語言學的產生、發展與現狀〉，《語言文字應用》二〇一一年二期，頁五四—六二。

仔細探究供詞內容的問題與矛盾，屬於今日偵查語言學的範疇。偵查語言學即應用在犯罪偵查方面的語言學問。英國法學家曼斯斐爾德稱：「世界上的大多數糾紛都是由詞語所引起。」中國法學家徐國棟也說：「欲治法學，必先治語言學。」⑰站在語言學的角度，可以從包括供詞在內的與案件有關各種語言文字資料中得知當事人的年齡、職業身分、地區籍貫、文化程度、心理痕跡和性別差異⑱，並從中推敲出供詞的正確度。

語言文字有幾個特徵⑲：第一、穩定性——語言習慣是在遺傳、生理、心理、環境、教育等因素作用下形成的，一旦定型，難以改變。第二、獨特性——個人語言習慣受到種族、性別、年齡、職業等因素的制約，形成個體與個體之間語言習慣的差異。第三、地區性——一種主要種族語言中往往衍生出帶有地方特色的方言。根據上述特性，可以對語言文字材料進行分析，從而識別出發語人或書寫人的背景資料。以本案而言，就是從郎中的供詞中得出他聲稱送子的年歲，並取與他聲稱留下的文字資料時空進行比對，發現疑點。

今日偵查實務中，應用偵查語言學時所蒐集的對象主要有：

其一、口頭語言材料——口頭語言材料是指以口頭語音形式為載體而使用語言的行為和

⑰ 轉引自董鋒、孟苗娜〈成長中的法律語言學〉，《英姿》總二期，二〇〇四年，頁四—五。
⑱ 袁瑛〈芻議偵查語言學〉，《邊緣法學論壇》二〇〇五年九期，頁四—五。
⑲ 邱大任〈我國偵查語言學的緣起和發展〉，《語文知識》一九九九年六期，頁三七—三九。

結果。它的顯著特點是口語化。如以語音形式記載的電話錄音，像為進行不法交易而進行的電話語言交談，或犯罪分子在實施犯罪行為時的口頭語言交際等。由於每一種語言個體生活在不同的方言區，其所具有的口語方言特點必將在口語交際活動中打上地域語音的烙印和痕跡。尤其是那些不交待自己真實姓名和地址的犯罪嫌疑人，或流竄作案的犯罪分子，為查找其真實的居住地和籍貫，他們的語音在偵查語言學方面能發揮重要作用。⑳

其二、書面語言材料——書面語言材料是指以書面為形式而運用語言的行為和結果。在案件語言材料中，主要以文字、圖形和符號為表現形式，由書寫筆跡語言材料、印刷筆跡語言材料構成。前者由書寫工具、書寫痕跡和書寫活動的運動過程得以完成；後者透過列印、複印、傳真或印刷製成語言材料。在犯罪現場，相關人留下的書寫結果通常有偽造遺書、留言便條紙、信函、日記、單據、票證等（在這個部分，偵查語言學與刑事鑑識中的文書鑑識具有重疊關係）。

其三、其他語言媒介資料——其他語言媒介資料指以多媒體為介質而使用語言的行為和結果。如以電話、手機、通訊APP、電子郵件等通訊工具所進行的語言資訊傳

⑳ 曾園林〈試論嫌疑人口語識別在偵查訊問中的運用——兼談嫌疑人口語識別是偵查語言學的重要內容〉，《遼寧警專學報》一九九九年二期，頁一一一—一一五。

遞和交流。偵查語言學常處理的有非法網站、有毒連結、網路毀（誹）謗或網路煽動犯罪。隨著網路出現而產生的網路語言為網友、鄉民所專用，帶有鮮明的身分識別資訊，也是偵查語言學關心的重要媒介資料。㉑

4. 動之以情——偵訊心理學

【代表案例原文】

〈朱壽昌勸退項罪〉

朱壽昌中散知閬州，大姓雍子良屢殺人，挾財與勢，故得不死。時又殺人，賕其里民，使出就吏。獄具，覺其姦，引囚并〔摒〕左右訊之，囚對如初。壽昌告之曰：「爾以死代人，毋令有悔。吾聞子良與汝錢十萬，納汝女為子婦，許嫁其女汝家，有之乎？」囚色動。又告之曰：「汝且死，書券抑汝女為婢，指十萬為傭直，而嫁其女於他人，汝將奈何？」囚悟，泣下，乃以實對。立取子良置於法，一郡以為神明。

㉑ 以上另可參鄒濬智〈法律語言學的分支——偵查語言學〉，《警大雙月刊》一八七期，二〇一六年一〇月，頁五〇——五二。

【承辦人員及案情簡介】

本案承辦人朱壽昌，字康叔，宋朝天長人，以父巽蔭守將作監主簿，累調州縣，通判陝州、荊南，權知岳州。州濱重湖，多水盜。朱壽昌將民船一一落籍，刻上船主名氏，使相伺察，出入碼頭必須報告。如果有水盜案發生，即驗盜船所去處追緝，於是水盜就少了。本案記到地方土豪雍子良每犯法必重金賂人頂罪。某次殺人又令里民頂罪，知州朱壽昌見里民不似殺人者，即視破其人命交易勾當，並偽說雍子良未依約善待里民之女，以此加以勸說，頂罪的里民大哭之後即供出真相。

【今日犯罪偵查視角】

朱壽昌以里民之女加以勸說，利用了里民愛女之情，使用了順勢審訊法。此種方法是指執法人員審理案件時和涉案人說些家常話、體己話，但早在無形中審清了案獄。這種方法能使當事人或案犯消除對立情緒，從而化解矛盾，收到事半功倍之效。古代辦案，由於受當時條件的侷限，辦案方法、手段極為有限，往往只能採用心理謀略推事鞫情、偵破案件，所以因此積累了不少可貴的經驗。高明的執法人員不只察顏觀色，窺探當事人的內心，而且善於針對對方內心深處驚慌、害怕、懷疑、憎恨等心理特徵，測試和驗證其犯罪行為以偵破案件。作奸犯科或代為頂罪之人，或逃避法律責任，或擔心露出破綻，往往「匿情而作偽」（卷五），因此，採取順勢審訊法，能促使其無意見暴露出真情實感；偵訊人員藉此便能識別真兇，研判案情。㉒

順勢審訊法在使用上，一是如前案，對犯罪嫌疑人進行心理攻勢，以情動人，對其陳明利弊，使其悔悟，接受審訊並如實作出交待。二是當犯罪嫌疑人欲言又止，顯然還有某種顧慮時，就要透過保證與開示來消除顧慮，讓其自然作出交待。㉓偵訊說到底就是室內的鬥智。凡人與人的對抗活動，自始至終都有心理抗衡。偵訊心理學的應用，並不是消滅、打敗對方，而是利用人在對抗環境中的心理變化規律，透過大量的真假資訊交互傳播，造成對方的錯覺，瓦解對方的鬥志，橫跨對方的最後一道心理防線，最終讓對方棄守，交待實情。㉔

基本上這種動之以情的訊問方式，乃是以心理學為基礎之科學偵訊，今日偵訊實務中運用心理科學，必須遵守以下原則㉕：

其一、友愛訊問的原則——將心比心推己及人，此可謂為友愛。依照犯罪心理學的分析，一個人的行為，不管產生如何惡害，在行為當時，一定有相當理由來支持其

㉒ 呂向文〈我國古代辦案方法初探〉，《湖南公安高等專科學校學報》二〇卷三期，二〇〇八年六月，頁一一三—一一五。
㉓ 粟克元〈中國古代辦案常用心理對策初探〉，《史學月刊》一九九八年五期，頁一〇六—一一〇。
㉔ 郭茂德《以計為首——一一二個古代辦案謀略》（臺北：博雅書屋，二〇一二年），頁六。
㉕ 主要參考周桐明〈偵查之科學觀與科學偵訊術的探討〉，《警學叢刊》九卷二期，一九八七年，頁二一—二七。

行為的合理化。可能有不得已的苦衷，或受一時迷惑或刺激而引起行為。被捕或傳訊時，縱然有悔意，仍不成理由自我合理化，因而表現為沉默或拒供，此時偵訊者若能以友愛態度、同情語氣使他感到有知音，便可能和盤托出以博取諒解。

其二、新鮮訊問的原則——由於人非機器，偵訊者與被偵訊人之身心、精神及體能均有一定限度，所以用心理學進行偵訊，第一要件乃是偵訊當事人雙方，均須處於精神飽滿，記憶猶新；有充分精神，才不至產生遺漏，導致案情陷於錯誤。

其三、忍耐訊問的原則——一般證人或嫌疑人，依其智慧、教育、性格傾向、環境遺傳、與個體等因素而各有不同類型，對訊問的供述可分為顧慮型、危險型、智慧型、愚鈍型、猶豫型、嘵舌型、孤僻型、興味型與冷淡型等，因此偵訊人員對於其訊問必先觀察是何類型，這有賴忍耐的訊問和傾聽。

其四、暴露訊問的原則——嫌疑犯可能將被問到的問題做好腹案，先準備好答案再行演練。遇到此情形，宜適用奇襲式的暴露訊問法。具體地說，訊問人員應當預見到嫌疑人可能會在哪些問題上防禦，怎樣防禦，從而跳過其設置好的防線，使嫌疑人失去製造假口供的機會。待其供詞中的矛盾暴露充分而尚未構築好新的防禦體系時，偵查人員一舉戳穿其偽供，便可獲得真實的供述。㉖

㉖ 吳茜〈《折獄龜鑑》中的審訊思想初探〉，《北京人民警察學院學報》二〇〇六年四期，二〇〇六年七月，頁五二—五五。

其五、心理觀察的訊問原則——從心理學觀之，一個人對事件的認識作用，是經感覺，理解或評價三階段的，但其認識多少，主要仍偏重理解。每個人對自已之犯罪必然自知，但為避罪常有內容閃爍的遁詞，此時不宜以責備或尖酸的話來刺激，而應合於心理學的方法才易於成功。

5.各個擊破——以眾擊寡

（1）隔離偵訊

【代表案例原文】

〈李德裕捏金明誣〉

〔唐〕李德裕，鎮浙西。有甘露寺主僧，訴交割常住物，被前知事僧沒金若干兩，引前數輩為證，遞相交付，文籍在焉。新受代者已服盜取之罪，未窮破用之所。德裕疑其非實，僧乃訴冤曰：「居寺者樂於知事，積年以來，空交分兩文書，其實無金矣。眾人以某孤立，不狎流輩，欲乘此擠之。」德裕惻然曰：「此不難知也。」乃以兜子數乘，命關連僧入對，坐兜子中，門皆向壁，不得相見。各與黃泥，令模前後交付下次金形狀，以憑證據。而形狀皆不同，於是劾其誣罔，一一服罪。

【承辦人員及案情簡介】

本案承辦人李德裕，字文饒，趙郡贊皇人，唐朝中書侍郎李吉甫次子，牛李黨爭中李黨領袖。李德裕早年以門蔭入仕，一度入朝為相，但因黨爭傾軋，多次被排擠出京。武宗繼位後，李德裕拜相，執政五年，外攘回紇、內平澤潞、裁汰冗官、制馭宦官，功績顯赫，拜為太尉，封衛國公。宣宗繼位後，李德裕因位高權重，五貶為崖州司戶，也在崖州病逝。李德裕鎮守浙西時，當地甘露寺產豐饒，以黃金儲之；新舊任主持交接時，新主持發現帳上虧空，但前主持卻口口聲聲說早已交接黃金。於是李德裕將所有聲稱看過寺產黃金的和尚分別隔開，要他們以泥土捏出所見到的黃金形狀，沒想到大家捏出來的黃金形狀各不相同，這才戳破前主持的謊言。

【今日犯罪偵查視角】

如案件係有多名共犯或多數證人，必須各別的訊問，不可集合於某處。這樣做有四個好處：第一是可以防止通謀串供，使得各別供詞具有比對找出破綻的可能；第二是使記性不好的被偵訊人不至受到其他人供述的影響或暗示，才能提出較接近他自己記憶真實的供詞；第三是容易在偵訊方形成一種以多擊寡的魄力，造成被偵訊人的壓力，迫使其交待實情；第四是方便實施挑撥離間偵訊法（詳下），使被區隔開的各人為了較不被法律追究更重的刑責，彼此出賣所犯下的罪行。

（2）挑撥離間

【代表案例原文】

〈趙廣漢巧計治潁〉

〔漢〕趙廣漢，為潁川太守。吏俗朋黨，廣漢患之。厲使其中可用者受記，出有案問，既得罪名，行法罰之，廣漢故漏泄其語，令相怨咎。又教吏為缿筩，及得投書，削去主名，而托以為豪傑大姓子弟所言。其後強宗大族家家結為仇讎，姦黨散落，風俗大改。吏民相告訐，廣漢得以為耳目。盜賊以故不發，發又輒得。一切治理，威名流聞。

【承辦人員及案情簡介】

本案承辦人趙廣漢，字子都，西漢涿郡蠡吾人，一代名臣，名列中國十大清官之一。趙廣漢任潁川太守時，地方不法勢力常相勾結。趙廣漢利用錄供時，故意洩漏他們彼此出賣的內容，分化他們。並設置密告箱鼓勵這些大姓互相檢舉，然後假造這些地豪惡勢力互相密告的內容，使得這些惡勢力間相互仇視，最終瓦解地方惡勢力。鄭克按語：

吏俗朋黨，壅蔽為奸，則太守勢孤，而為眾所制矣。是故廣漢以受記、案問、投書、告訐之事，破壞其黨，使之散落，然後用為耳目，督察盜賊，而皆畏戢，乃可治理。察奸之術，有在是者，故特著之也。

【今日犯罪偵查視角】

犯罪集團本身充滿矛盾與爭鬥的，雖然在作案時由利害關係糾合在一起，表面上臭氣相投，但內部存在著爭權奪勢、分贓不均、爭風吃醋、頑固與動搖等重重矛盾。偵訊前弄清各人在集團中的地位，發現他們人際關係中的矛盾、思想上的裂縫，偵訊時巧借對方之力，就能分化瓦解他們。犯罪分子的內心始終是充滿矛盾的，既有善與惡的矛盾，想坦白交待，又擔心執法人員的應允能否兌現，恐怖與僥倖心理並存，想編造假口供又怕露出破綻；雖然事前與集團其他人訂有盟約，仍互相猜疑。是以進入偵訊階段，要充分利用其矛盾心理，巧用證據，進行政策攻心，使被偵訊的各人，為了自己的利益從實招來。㉗

㉗ 熊則坤《偵查辯證法》（北京：警官教育出版社，二〇〇〇年一月），頁二〇八。

6. 對質

【代表案例原文】

〈許宗裔驗贓查實〉

王蜀時，有許宗裔守劍州。部民被盜，燈下識之，追曉告官。捕獲一人，所收贓物，唯絲絇、紬線而已。宗裔引問，縲囚訴冤，稱是本家物，與被盜人互有詞說。乃命取兩家繰車，以絲絇量其大小，與囚家車同。又問：「紬線胎心用何物？」一云：「杏核」，一云：「瓦子」，因令相對開之，見杏核，與囚款同。於是被盜人服妄認之罪，巡捕吏當考決之辜。指顧之間，便雪冤枉。

【承辦人員及案情簡介】

本案承辦人許宗裔生平不詳，僅知為唐末五代十國王建所建立前蜀官員。許宗裔鎮守劍州時，某日有人報案，並云燈光照映下識得賊人。但捕得所指認的犯嫌時，犯嫌並不承認。由於失物是絲絇、紬線，許宗裔便要失主與犯嫌二人正面對質，親口指認所擁有的紬線胎心為何，之後再分解胎心，結果與原告所述不合，於是判他妄認之罪。

【今日犯罪偵查視角】

許宗裔解決案件疑點的方法係找來兩造對質，再以驗物證，辨明是非。對質在今日犯罪偵訊的使用上，必須遵守偵查心理學的二個原則㉘：

其一、對照訊問的原則——若嫌疑人之間，嫌疑人與證人之間，證人之間的供述不一致時，應予以對照訊問。但必須注意不能以多數決來決定供述的真實性。當下要採取何人的供述，須以現場取得的證據進行交相比對後合理推斷。

其二、對質訊問的原則——此原則應用在所謂單獨對質訊問，就是在證人面前，使嫌疑犯出現以供證人認明，此乃各國所採用的重要罪犯個別識別法。但此時凡被傳來的證人，都常以為被執法者捉來的人必然無誤，所以在似是而非的情況下，很容易受暗示的影響而含糊答覆，這是很危險的。因而提供指認的人愈多，錯誤的可能愈低；實際做法是找來與嫌疑犯體型面貌相當者數人，由證人指認其外表或聲音或行動。另如兇器或證物、照片的指認也可如此辨理。

犯罪偵查（訊）過程中的對質，其實也就是「比對理論」的應用。「比對理論」定義

㉘詳見周桐明〈偵查之科學觀與科學偵訊術的探討〉，《警學叢刊》九卷二期，一九八七年，頁二一一—二七。

為：就特定的偵查目的，廣泛蒐集相關資料，比較其間同異，以取得偵查（訊）方向或證明犯罪事實。「比對理論」注重兩種以上偵查（訊）資料的同異性，並以偵查（訊）資料的特性進行比對，產生相符、排除、類化、個化的結果。比對理論不僅適用在犯罪偵查（訊），也適用於刑事鑑識。前者如犯嫌各次筆錄的比對，以發覺差異，找出矛盾，形成偵查重點；後者如指紋比對，以證明兩個指紋為相同指紋。細究之，犯罪偵查（訊）運用比對理論的類型如下㉙：

其一、同異比對——對資料進行相同、相異的比對。例如歹徒影像和前科犯照片比對、穿著特徵比對、供詞比對等。屬於一般視覺或認知的比對，不涉及專業或科學知識。偵訊中的對質屬此。

其二、類別比對——對資料、物證進行類別比對。例如不明碎片來源比對、是否為人類毛髮、血跡比對等，涉及特定領域的專業知識。偵查中的鑑識屬此。

其三、個化比對——對物證進行個別特徵的精密比對，以鑑定二者完全相同。例如指紋、DNA、工具痕跡、槍彈比對等，為科學專業鑑定。偵查中的鑑識屬此。

㉙ 侯友宜、廖有祿、李文章〈犯罪偵查理論之初探〉，《警學叢刊》四〇卷五期，二〇一〇年，頁一——二六。

7. 重複審訊——利用記憶破綻

【代表案例原文】

〈御史智破偽狀〉

唐高祖舉義師於太原。李靖與衛文昇仕隋，守長安，乃收皇族害之。及平關中，誅文昇等，及靖。靖言曰：「公定關中，唯復私仇，亦為天下耶？若為天下，未得殺靖。」乃捨之。及為岐州刺史，或有人希旨告靖謀反者，高祖命一御史往案之，謂曰：「李靖反狀實，便可處分。」御史知其誣罔，請與告事者偕行。行數驛，御史佯失告狀，驚懼異常，鞭撻行典，乃祈告事者曰：「李靖反狀分明，親奉聖旨，今失告狀，幸救其命。」告事者乃別疏狀與御史。驗其狀，與元狀不同。即日還京以聞，告事者伏誅。失御史名。

【承辦人員及案情簡介】

唐朝李靖在歧州當刺史時，有人為了迎合皇帝的意旨控告李靖謀反。唐高祖命令一御史前往當地查辦，御史請求檢舉人一同前往。路上御史假裝把檢舉人原來寫的告狀丟失，向檢舉人要求重寫一張，沒想到檢舉內容與原狀有所出入，此一現象證明了檢舉人對李靖的檢舉係一捏造事實的誣告。鄭克按語：

辨誣之術，有正、有譎。……御史知其誣也，故譎以取質。苟非盡心者，則亦豈能精耶？

【今日犯罪偵查視角】

從生理機制上來說，生、心理活動能留下記憶痕跡。記憶痕跡是人認識事物時，形成的神經聯繫在大腦中留下的印痕。犯罪人經歷了某種犯罪事實後在大腦中留下的這種心理印痕，就形成「思維定勢」，它會對犯罪人的言行產生影響。犯罪人經歷了某種犯罪事實後，在大腦中留下的這種心理印痕，難免要不自覺地有所暴露。㉚

根據人的記憶特點，對於真實的已經發生的事情，涉案人等在任何時間、地點、情況下反映出來的經過應是一致的，不應有出入的，即使有區別，也是細節上的記憶模糊。但如果是假的，是捏造的，那麼，時間、地點、情況一有所改變，案人等所反映的事實就會有出入。在本案中，承辦御史深深懂得這個道理，而且他本來就知道本案是誣陷，但他先不聲張，僅邀檢舉人同行，並在路上假裝丟失了原告狀，還表現出驚慌失措的樣子。這樣做的目的在使檢舉人相信的確是如此，藉此消除檢舉人思想上的懷疑和顧慮；所以在不疑有他的情

㉚ 畢良珍〈《折獄龜鑑》中古代審訊心理探析〉，《江蘇警官學院學報》二〇卷二期，二〇〇五年三月，頁一四六—一五一。

況下檢舉人很自然地重寫了告狀；沒想到控訴內容果然前後發生了矛盾——檢舉人根本未有知悉李靖謀反的記憶痕跡，因而最終被自己空白的記憶痕跡所出賣。

審訊中，執法人員為了發現矛盾，揭露矛盾，常常使用這樣重複訊問的方法，透過不同方法，從不同角度，提出不同問題進行審訊，由於先前的供述是假的，被偵訊人往往防不勝防，漏洞百出而露出馬腳。「凡為巧詐，必有缺漏」（卷六）。因此，運用重複審訊的方法，就能發現和逮著被訊問人供詞的矛盾和破綻，從而迫使其作出真實交待。㉛

㉛ 栗克元〈中國古代辦案常用心理對策初探〉，《史學月刊》一九九八年五期，頁一〇六——一一〇。

代跋／《折獄龜鑑》所見犯罪偵查思想特徵

中國傳統的偵查文化產生於中國的傳統社會，既然是公權力的一種體現，自然與傳統政治關係密切。隨著中國傳統政治的發展，專制統治的力道不斷加強，附隨其上的偵查文化也逐漸發達。中國的傳統文化以儒家思想為核心，其與中國傳統偵查文化的關係也十分密切。具偵查職能的官吏受過中國傳統文化的教育，需要學習如何將傳統禮法文化與法律相銜接。因此中國傳統的偵查文化也滲透進傳統禮法文化。①因此，誕生於中國中古的《折獄龜鑑》，其犯罪偵查思想透顯出以下幾個特點：

① 王立民〈中國傳統偵查文化與傳統社會〉，《犯罪研究》二〇〇八年二期，頁七—一二。

一、嚴謹釋冤，展現人道關懷①

隨著歷史的進步和發展，社會職能不斷分工細化。但因為犯罪的偵查反映了權力的歸屬，軍政法不分工而呈現三位一體的反社會職能分工現象，這是中國古代社會的特別現象，並且持續到近代社會才有改變。軍政法合一之下，國家機器掌握偵查、起訴、審判三大司法職能，反映出高度的中央集權和至高無上的神權、王權統治；如此使得中國偵查制度的發展體現出歷代統治階級的權威。審判權被無限制擴大和偵查被過度輕視的結果是：偵查被審判權威所取代，並淪為審判的附庸，許多冤獄因而產生。

《折獄龜鑑》開篇按語：「人之負冤，多因疑似，聽者不能審謹，忿然作威，遂至枉濫。此事雖小，可以喻大，故首著焉。」在卷首，鄭克講了古來的造成冤獄的原因，這裡的「負冤」、「枉濫」，多由「疑似」、「不能審謹」、「忿然作威」所致。之後鄭克深化了關於冤獄產生原因之所在，官吏的濫殺與平民的枉死的緣由在於急於結案，更深入追究其冤獄產生的根源是「不審謹」、「遽決」。即使本非難辨，但也會由於庸吏漫不經心，奸吏從

② 王守禮《以《折獄龜鑑》為視角看古代法官的斷獄智慧》（長春：吉林大學法律思想史碩士論文，二〇一〇年五月），頁一四—一七。

中營利，導致冤獄。

也因為如此，鄭克把法官的「釋冤」放在開篇首要位置，體現其人文關懷的思想。而書的結尾，鄭克以「矜謹」一門作終。可以充分理解到鄭克編寫此書，在用嚴明、矜謹的精神，以釋冤為目標進行治獄。而鄭克貫穿全書、一再反對刑訊的主張，也可看成是「矜謹」的落實。

二、靈活用計，幫助追求真相

鄭克《折獄龜鑑》多次提到對刑訊的檢討，但這並不表示刑訊在當時是非法的。一方面鄭克承認了刑訊的合法，但另一方面看到真正的犯罪人因「耐掠隱抵」從而得以逃脫，而無辜者「掠不勝痛，自誣，當反其罪」地蒙受冤獄。所以鄭克在《折獄龜鑑》所記錄的釋冤方法，更多是為了避開使用刑訊而為的。

為了避開刑訊，鄭克提出以「事跡察之者」的「術」：「夫事跡有時偶合，不可專用，當兼察情理、氣貌。」（卷二）即將不同的「術」有機結合而成的察獄思想。而「術」的第一種廣泛運用就是「譎」、詭計、欺騙。但辦案並非一味裝神弄鬼下去，鄭克以為「辯誣之術有正有譎」，「譎非正也，然事有賴以濟者，則亦焉可廢哉。」「正不廢譎，功乃可成；

譎不失正，道乃可行。」（以上見卷七）能將將「正」與「譎」結合在一起，才能發揮察奸的良好效果。

「術」的第二種用法在於能察言觀色，這是司法官員將心理學的知識運用到斷獄中，以嫌犯的生理變化尋求其心理的變動，從而找到案件的線索或供詞的破綻。這種方法，即前文提到過、周朝出現而被鄭克所繼承的「五聽」——原始的測謊。

「術」的第三種用法在於色、辭（聲）、情、事四者對照。鄭克曾疾呼：「若辭與情頗有冤枉，而跡其狀稍涉疑似，豈可遽以為實哉。」若有所疑，務必小心求證，「察其面之色、款之辭、事之情」，進而「疑其誣服者也」（以上見卷一）。最後對照「術」而獲得的證據，才能使得案件真相大白。

《折獄龜鑑》所提出的「術」雖多以即興發揮形式出現，但是歸納起來，已是一個察言觀色、人情、物證、事證等所構成的多元體系。

三、重視證據，鼓勵據理力爭

心情、人之表情以至官員憑藉經驗的主觀判斷，「理」乃是具有長期的司法實踐性和穩定性的客觀存在道理。情寓於理，合二為一即情理。接受鑑識證據的結果必須合乎常情常理，並能承受時間的考驗，方符合司法使用上的要求。

在同時獲得的眾多證據中，鄭克強調客觀存在的物證要優先於主觀存在的人證，所以鄭克在《折獄龜鑑・顧憲之放牛》一案中表示：「證以人，或容偽焉，故前後令莫能決；證以物，必得實焉，故盜者始服其罪。」（卷六）在評論前引〈李處厚澆屍驗傷〉一案中，鄭克按語也強調了要重視具有客觀性的物證獲得並結合司法經驗的理性總結。在古代司法實踐中承認刑訊獲得口供的合理性和合法性的社會裡，鄭克重視物證，強調客觀優於主觀的察獄思想是十分難能可貴的。

以客觀的證據做支撐，鄭克希望執法人員每當遇見「酷吏深文」時能「申析誣枉，抗辭執法」；面對當權者壓力時，能「不慑」、「詞不撓」（以上見卷一），即使「冤狀難明」或「冤狀易見」，但「然苟非勇於義者，豈能奮而為之乎？」（以上見卷二）鄭克以為根據客觀證據力爭道理，所表現出來的勇義才能讓執法人員成為百姓所崇敬的仁者——所謂「勇」是指「脅之以勢而不變者」，所謂「仁」是指「誘之以利而不為變者」（以上見卷三）——這也正是「非佞折獄，唯良折獄」（卷六）的硬道理。

四、依法用例，法律思想先進

鄭克在每個案例後，都會寫下他的判斷，這些按語反映出他的法律見解；透過這些按語，可以得知鄭克是一位主要依據法律，並用判例輔助判案的一位法律思想先進的官員。雖然鄭克對判例的看法不在「《折獄龜鑑》犯罪偵查思想」之列，但此為許多研究《折獄龜鑑》及鄭克思想的學者所深論之處，故本書利用一點幅篇略略交待鄭克評價判例時所反映出來的進步法律思想③：

（一）透過對相似判例的比較評析，詮解執法者的當與不當

《折獄龜鑑・孔琇之殺兒警眾（王敬一事附）》記載南齊孔琇之任吳縣令時，有小兒年十歲，偷割鄰家稻一束，付獄判刑。鄭克在按語中列舉了另一判例：「南齊王敬則為吳興太守，郡舊多剽掠，有十歲小兒，於路拾取遺物，敬則殺之以徇。自此路不拾遺，郡無劫盜」，比較上述兩個判例時，鄭克認為孔琇之重在懲惡，並無不可。王敬則欲駭眾立威，

③ 本段分析主要參考汪世榮〈中國古代的判例研究——一個學術史的考察〉，《中國法學》二〇〇六年一期，頁八二—八九。

已經流於酷苛（今知以暴治暴的缺點是嚴重破壞罪責原理，並不能積極促進個人倫理上的覺悟。況且刑罰的超載威嚇，常促使犯罪者畏懼嚴刑而不得不事先計劃周詳，反而增加刑事偵查的困難。甚且促使犯罪者一不作二不休，趕盡殺絕。因此破壞罪責的嚴厲刑罰，不但沒有效果，卻適得其反。④而刑度定的越重，它對於證據的要求會越嚴或避免適用，導致又回到原平衡點——刑事司法的熱力學效應）。⑤

（二）透過對不同判例之間的比較，釐清因細節而致不同的判決

《折獄龜鑑‧李傑觀婦知姦（曾孝序一事附）》記載唐李傑任河南尹，有寡婦告其子不孝。李傑告訴寡婦不孝是死罪，並派人隨後跟監，發現寡婦離開衙門後與一道士交頭接耳，即逮捕道士。加以詰問後，原來道士與寡婦通姦，覺得兒子干預了他們的姦情，所以想要誣陷他不孝。李傑於是杖殺了道士。鄭克在按語中舉了後母告子的另一案例：曾孝序資政任秀州知州時，有婦人告兒子，並要鄰人做證。曾孝序視其子頗柔懦，而鄰人言行反而不像守規矩的人。於是詢問婦人，得知兒子並非其親生。便責罵鄰人，並執與婦人之子一齊受杖刑。對上述兩個判例，鄭克進行了比較，認為：「繼母私鄰人而忌其子，間之，故使訟。鄰人與

④ 林山田《刑罰學》（臺北：商務印書館，一九九二年），頁六九。
⑤ 許福生《風險社會與犯罪治理》（臺北：元照出版公司，二〇一〇年八月），頁二八三—二八四。

道士類矣。然彼教寡婦訟其子以死罪，故殺之。此教繼母訟其子，罪不致死也，故杖之而已。」透過對比，鄭克對教唆訴訟罪的刑責，做了仔細的釐清。

(三) 提出判例可依類舉適用的原則，並舉具體判例說明

《折獄龜鑑・杜鎬比附論案》記載杜鎬侍郎之兄在江南任司法官，承辦一件兒子毀壞父親畫像，為近親所提訟的案子。因為法律並未規定子毀父像的形罰，杜鎬之兄覺得難以判決而臉色憂鬱。杜鎬當時年紀還很輕，問得其兄原委後便說：「僧道毀天尊佛像，可以比也。」杜鎬建議以佛教徒毀壞佛像之罪比照判決即可，杜兄聞畢豁然開朗。鄭克在按語中引荀子之言：「有法者以法行，無法者以類舉」，肯定杜鎬利用類推方式對疑難案件所發表的見解，認為其舉即「類舉者也」。

在當今法治社會背景下，我們努力探索偵查制度改革創新的路徑，往往從西方的偵查制度中去尋找良方，卻忽略了制度本身存在的歷史淵源與時空環境。與其瞻仰眺望別國制度，視如聖經、瑰寶，不如立足本國，回溯和審視歷史，總結現有的成就與積病，透過分析中國古代犯罪偵查理論及實務的特點和對後世的影響，來重新解讀和評價我國當前的刑事偵查制

度⑥，並認真思索中國古代犯罪偵查理論及實務在當代的可能應用，從中尋求當代問題的解決良方。

《折獄龜鑑》中的偵查與審訊。反映了兩宋及以前的刑事偵查實務水準，在摒棄愚昧落後的偵查方法方面取得很高的成就。其中，雖然也有刑訊逼供的成分，但更多的是講究運用各種謀略和心理學的方法，對於今日的相關工作其實具有十分重要的提示作用⑦，對今日執法人員也應該很有參考價值才是。

⑥ 董文哲〈淺析我國古代偵查體制和方法的歷史影響〉，《貴州員警職業學院學報》二〇一三年一期，頁五〇—六三。

⑦ 畢良珍〈《折獄龜鑑》中古代審訊心理探析〉，《江蘇警官學院學報》二〇卷二期，二〇〇五年三月，頁一四六—一五一。

Do科學12 PF0205

捕快的口袋書

──從現代犯罪偵查看《折獄龜鑑》

作　　者／鄒濬智
責任編輯／徐佑驊
圖文排版／楊家齊
封面設計／蔡瑋筠

出版策劃／獨立作家
發 行 人／宋政坤
法律顧問／毛國樑　律師
製作發行／秀威資訊科技股份有限公司
地址：114 台北市內湖區瑞光路76巷65號1樓
電話：+886-2-2796-3638　傳真：+886-2-2796-1377
服務信箱：service@showwe.com.tw
展售門市／國家書店【松江門市】
地址：104 台北市中山區松江路209號1樓
電話：+886-2-2518-0207　傳真：+886-2-2518-0778
網路訂購／秀威網路書店：https://store.showwe.tw
國家網路書店：https://www.govbooks.com.tw

出版日期／2017年10月　BOD一版　**定價**／250元

|獨立|作家|
Independent Author
寫自己的故事，唱自己的歌

捕快的口袋書：從現代犯罪偵查看《折獄龜鑑》/
鄒濬智著. -- 臺北市：獨立作家, 2017.10
面；　公分. -- (Do科學；12)
ISBN 978-986-94308-6-9(平裝)

1. 刑事偵察 2. 犯罪 3. 中國

548.692　　106016487

國家圖書館出版品預行編目

讀者回函卡

感謝您購買本書，為提升服務品質，請填妥以下資料，將讀者回函卡直接寄回或傳真本公司，收到您的寶貴意見後，我們會收藏記錄及檢討，謝謝！

如您需要了解本公司最新出版書目、購書優惠或企劃活動，歡迎您上網查詢或下載相關資料：http:// www.showwe.com.tw

您購買的書名：________________________________

出生日期：________年________月________日

學歷：□高中(含)以下　□大專　□研究所(含)以上

職業：□製造業　□金融業　□資訊業　□軍警　□傳播業　□自由業

□服務業　□公務員　□教職　□學生　□家管　□其它_____

購書地點：□網路書店　□實體書店　□書展　□郵購　□贈閱　□其他

您從何得知本書的消息？

□網路書店　□實體書店　□網路搜尋　□電子報　□書訊　□雜誌

□傳播媒體　□親友推薦　□網站推薦　□部落格　□其他__________

您對本書的評價：（請填代號　1.非常滿意　2.滿意　3.尚可　4.再改進）

封面設計____　版面編排____　內容____　文／譯筆____　價格____

讀完書後您覺得：

□很有收穫　□有收穫　□收穫不多　□沒收穫

對我們的建議：________________________________

____

____

____

請貼
郵票

11466
台北市內湖區瑞光路 76 巷 65 號 1 樓
獨立作家讀者服務部 收

（請沿線對折寄回，謝謝！）

姓　　名：________________　年齡：________　性別：□女　□男

郵遞區號：□□□□□

地　　址：____

聯絡電話：(日) ________________ (夜) ________________

E-mail：____